문학교수, 영화 속으로 들어가다 9

김규종 지음

글누림

머리말

　〈문학교수, 영화 속으로 들어가다 9〉가 세상과 만나게 되었다. 사람 사는 세상이 어찌 변하든 영화는 오랜 세월 유구(悠久)할 듯하다. 우리 인간이 지구에 발을 붙이고 살아가는 동안에 다양한 장르의 영화는 계속 만들어질 것이다. 푸른 별 지구가 산산이 해체되는 최후의 날이 되어야 영화도 영영 사라지지 않을까, 생각한다. 그날이 오면 우리가 떠받들던 수많은 신(神)들도 인간과 더불어, 영화와 함께 지구를 영원히 떠날 것이다.

　2019년 생겨난 이후 코로나19가 3년 넘도록 우리를 위협하고 있다. 맨눈으로 볼 수 없기에 그 실체조차 가늠하기 어려운 미생물의 공격이 탐욕으로 찌든 빚쟁이의 지칠 줄 모르는 채근처럼 지독스레 끈덕지다. 언젠가 인류는 기막힌 치료제와 항생제를 발명하여 코로나바이러스를 발본색원할 터이나, 그때까지 걸리는 시간이 참으로 길고 지루하게 느껴진다. 이런 재앙의 근원이 인간의 탐욕과 분노와 어리석음의 탐진치(貪瞋痴) 삼독(三毒)이라니 성찰할 일이다.

　하지만 세상에는 그림자만 존재하는 것은 아니다. 그림자는 늘 빛과 동행이기 때문이다. 코로나가 세계적으로 유행한 덕분에 다채로운 영화를 볼 수 있어서 나는 행복했다. 예전에는 충무로나 할리우드 영화가 크고 작은 개봉관을 점령하다시피 했는데, 코로나 이후의 영화관 풍경은 사뭇 다르다. 거금을 들인 대작 영화가 기세를 잃고, 그 자리를 다양한 국적의 영화가 빼곡하게 채운 때문이다. 예기치 못한 다양성이 선사한 뜻밖의 즐거움이랄까?!

이번에 출간되는 〈문학교수, 영화 속으로 들어가다 9〉에는 한국과 미국의 영화 이외에도 9개국 영화가 들어있다. 우리에게 친숙한 일본과 중국, 대만은 물론 에스파냐와 영국, 덴마크와 스웨덴뿐만 아니라, 세르비아와 폴란드 영화까지 우리의 눈과 마음을 즐겁게 해준다. 그러니까 아시아와 북아메리카, 유럽을 포괄하는 11개국의 영화 20편이 이 책에 담겨 있다는 얘기다. 코로나가 아니었다면 기대하기 어려운 결과 아니었을까 생각한다.

나이를 먹고 나서도 나는 여전히 만화영화(애니메이션)를 좋아한다. 그래서 헝가리 만화영화 〈미션 임파서블: 루벤〉과 일본의 만화영화 〈용과 주근깨 소녀〉를 소개하는 글이 실려 있다. 놀라운 상상력을 바탕으로 만들어진 폴란드 영화 〈첫눈이 사라졌다〉와 스웨덴 영화 〈끝없음에 관하여〉는 지금과 여기에 함몰된 인간들에게 존재의 조건과 의미를 여러 각도로 묻는다. 반면에 세르비아 영화 〈아버지의 길〉과 중국 영화 〈내가 날 부를 때〉는 매우 사실적으로 그 나라 사람들이 처한 여러 가지 삶과 사유의 양상을 그려낸다.

한국 영화 〈동백〉과 영국 영화 〈벨파스트〉는 도저히 잊을 수 없는 폭력의 양상을 실감 나게 재연한다. 여순사건을 상업영화로 만든 〈동백〉은 한국 현대사의 뼈아픈 질곡 가운데 하나를 보여주며, 지금까지도 우울한 기억으로 남은 북아일랜드의 종교 분쟁을 다룬 〈벨파스트〉는 사뭇 가슴 시리게 다가온다. 〈오필리아〉와 〈드라이브 마이 카〉는 셰익스피어의 〈햄릿〉과 체호프의 〈바냐 외삼촌〉과 밀접하게 결합하면서 고전과 현대의 만남을 기꺼이 주선한다.

여전히 거장 소리를 듣는 장예모 감독의 〈원 세컨드〉는 현대 중국의 피어린 역사, 문화혁명을 21세기에 다시 조명한다. 〈푸른 호수〉는 세계의 인종 용광로라 불리는 미국의 어지러운 현주소를 가감 없이 그려내고 있으며, 〈어나더 라운드〉는 알코올 농도 0.5% 부족한 현대인의 고달픈 삶을 웃음으로 버무린다. 대중적으로 성공한 영화 〈모가디슈〉에서 우리는 남북 분단을 실감하며, 〈보드랍게〉는 아직도 끝나지 않은 종군 위안부 문제를 재삼재사 확인한다.

미혼모 문제를 깊이 있지만, 따뜻한 손길로 그려낸 〈패러렐 마더스〉는 이런 문제를 한국 사회는 어떻게 고민하고 있는지, 하는 물음표를 던진다. 사랑은 인간의 영원한 과제 가운데 하나이기에 〈해탄적일천〉과 〈당신 얼굴 앞에서〉 그리고 〈메이드 인 이태리〉는 적지 않은 호소력을 가진다. 송강호에게 2022년도 '칸 영화제' 남우주연상을 안겨준 고레에다 히로카즈 감독의 〈브로커〉는 미혼모와 낙태 문제를 둘러싼 우리 사회의 엇갈린 시선을 보여준다.

언제부턴가 영화는 시대를 반추하는 장르에서 시대를 선도하는 장르로 전환했다. 심각한 사회문제를 심도 있게 천착하고 나름의 문제를 제기하는 수많은 영화가 쏟아지고 있지만, 대중이 추구하는 영화의 미학적 인식은 오락의 극대화에 쏠리는 듯하다. 나는 한 번도 보지 않았고, 보고 싶지도 않은 마블 영화가 끊임없이 제작되어 대중을 즐겁게 하는 상황을 돌이키면 간단히 이해되리라 믿는다. 결국 십인십색 아니겠는가, 생각해본다.

〈문학교수, 영화 속으로 들어가다 1〉부터 지금까지 내가 추구해 온 미학적-세계관적 입장은 대중매체로서 영화에 내재한 폭발적인 가능성의 확인에 있다. 그것의 내밀한 근저(根底)에 자리하고 있는 것은 '인간과 인간의 격의 없는 유대관계'에 있으며, 인간의 인간에 대한 착취의 근절에 있다. 언제 우리는 계급과 계층의 구별 없이, 지역과 세대, 빈부격차와 교육격차, 남녀의 차별 없이 인간 그 자체, '호모사피엔스'로 살아갈 수 있을지, 궁금하다.

어쩌면 그런 이유로 나는 지치지 않고 영화관을 찾으며, 영화와 관련된 글을 쓰고 있는지도 모르겠다. 영화 이상의 힘을 가진 대중매체가 등장한다면 모를까, 나의 영화 보기는 계속되리라. 이런 까닭으로 나의 영화 글쓰기 역시 당분간 계속되리라 믿는다. 어쩌면 그것이 나만의 소박한 바람으로 남을지도 모르지만, 〈문학교수, 영화 속으로 들어가다 9〉를 출간하면서 앞으로도 이어질 글쓰기에 매진하겠다는 소박한 약속을 독자 제현에게 다짐하고자 한다.

2022년 9월
복현동 연구실에서 지은이

차례

미션 임파서블 – 루벤

감독 밀로라드 크르스틱
장르 애니메이션, 액션, 범죄
출연 가브리엘라 하모리, 이반 카라마스
개봉 2021. 7. 8.

놀라운 3차원 만화영화
〈미션 임파서블 - 루벤〉

-

    놀라운 상상력을 선보이는 만화영화가 상영되고 있다. 우리에게는 낯선 헝가리의 밀로라도 크르스티치 감독의 〈미션 임파서블-루벤〉(이하 〈루벤〉)이 주인공이다. 크르스티치 감독은 1952년에 출생하여 우리 나이로 70세 고희를 맞이한 노장이다. 그는 이 영화로 2019년 자그레브 국제 애니메이션 영화제 장편 부문에서 대상을 받는다.

    나이 든다고 상상력이 녹슬거나 숙지는 건 아니구나, 하는 생각이 절로 들었다. 그도 그럴 것이 〈루벤〉에는 실사영화에서 가능한 온갖 장치가 동원된다. 세계적인 명화(名畵) 훔치기, 자동차와 대형트럭, 헬기까지 등장하는 추격전, 놀라운 곡예와 마임, 킬러들의 음모와 살인, 심리치료의 구체적인 실현에 이르기까지.

    여기 덧붙여지는 것이 아버지의 강압과 그것이 결과하는 트라우마, 결손가정과 모자 갈등, 피카소의 입체파 그림을 원용하여 그려지는 작화(作畫)다. 그러니까 93분 동안 〈루벤〉은 우리가 실사영화에서 만날 수 있는 최대의 긴장과 흥미, 갈등과 사건 전개가 숨 고를 틈 없이 밀려들어 왔다가 순식간에 사라지는 것이다.

13편의 명화, 심리치료사를 공격하다!

심리치료사 루벤 브란트가 열차에서 〈기면증〉이란 책을 읽고 있다. 미술치료(아트 테라피) 분야에서 독보적인 권위를 인정받았지만, 그 자신도 치료를 받아야 하는 딱한 형편이다. 세계적인 명화의 주인공들이 루벤을 공격하기 때문이다. 그것도 한두 작품이 아니라, 무려 열세 편의 명화에 등장하는 인물들이 끊임없이 그를 괴롭힌다.

여기서 그를 공격하는 명화를 연대순으로 열거해본다. 산드로 보티첼리의 〈비너스의 탄생〉(1485), 한스 홀바인의 〈로렌 공작, 선한 자 앙투완의 초상〉(1543), 티치아노의 〈우르비노의 비너스〉(1538), 벨라스케스의 〈푸른 옷을 입은 마르가리타 공주〉(1658), 마네의 〈올랭피아〉(1863), 프레데릭 바지유의 〈화가 피에르-오귀스트 르누아르〉(1867).

프랭크 두버넥의 〈휘파람 부는 소년〉(1872), 반 고흐의 〈우체부 조지프 룰랑의 초상〉(1888), 폴 고갱의 〈과일을 든 여인〉(1893), 르네 마그리트의 〈이미지의 반역〉(1929), 파블로 피카소의 〈책을 든 여인〉(1932), 에드워드 호퍼의 〈밤을 지새우는 사람들〉(1942), 앤디 워홀의 〈더블 엘비스〉(1963).

　명화 속 인물들의 공격이 계속되자 루벤은 차라리 13편 명화를 모두 훔치려는 계획을 세운다. 그것에 동조하고 나선 일군의 인물이 있으니, 루벤에게 미술치료를 받는 미미, 페르난도, 조, 브루노가 그들이다. 그러니까 5인조 도둑이 어떻게 난관을 극복하여 명화를 훔치는가, 하는 예술 범죄영화(아트 크라임)이자 '케이퍼 무비'가 〈루벤〉이다.

심리치료사는 왜 도둑이 되었는가?!

　첫 장면이 인상적이다. 열차가 고속으로 질주한다. 철로 위를 달팽이가 느린 속도로 기어간다. 달려오는 열차 바퀴에 깔려 죽을 것만 같다. 빠름과 느림의 극단적인 대비로 시작하는 영화 〈루벤〉. 어

린 시절의 루벤이 아빠에게 칭얼댄다. 달팽이와 놀고 싶은 루벤. 하지만 아버지 게르하르트는 그런 아들의 소망을 간단히 무시한다.

자신이 소망하던 것을 실현하지 못한 루벤의 잠재의식 깊은 곳에 커다란 상처가 남았다. 강요당한 순종과 사랑과 교육을 빙자한 아버지의 억압이 빚어낸 참사. 아들의 장래를 위한다는 명분으로 '지금과 여기'의 기쁨과 행복을 최대한 포기하도록 인도한 게르하르트. 그는 동베를린 출신 지식인으로 훗날 미국 CIA를 위해 일한다.

극복하지 못한 심리적 외상이 악몽으로 이어진다. 예컨대 〈비너스의 탄생〉에 그려진 비너스의 금발이 루벤의 목을 조여오거나, 르누아르의 구둣발이 루벤의 입속으로 거칠게 밀고 들어온다. 고흐의 우체부 초상은 우표가 되어 루벤의 전신을 휘감고, 올랭피아의 고양이는 루벤의 뺨을 사납게 할퀸다. 루벤은 도망치다가 마침내 생각을 전환한다.

"문제는 극복하라고 있는 것이고, 그림은 최고의 치료제다."

화려한 이중성의 놀라운 변주

〈루벤〉에서 크르스티치 감독은 이중성에 담긴 의미를 유감없이 발휘한다. 그것은 색깔과 형상, 의식과 무의식에 이르기까지 다채롭게 변주된다. 루벤은 언제나 붉은색과 푸른색의 넥타이를 매고 다닌다. 하나의 목에 감긴 두 개의 넥타이. 불과 물, 정열과 냉정, 양과 음을 상징하는 붉은색과 푸른색 모두를 목에 두르고 다니는 루벤.

거대한 두 대의 트럭 사이에 끼어 루벤 일행의 승용차가 공격당하는 장면 또한 그러하다. 양쪽에서 그들을 옥죄는 트럭. 그것을 강화하는 헬기의 등장. 심리치료사이자 동시에 치료를 받아야 하는 환자 루벤. 그런 까닭에 루벤은 심리치료를 하면서 연출가로서 자질을 발휘하면서 동시에 행위예술가로 자유자재하게 변신한다.

이런 이중성이 극대화된 그림이 앤디 워홀의 〈더블 엘비스〉다. 루벤이 훔치고자 했던 그림 가운데 맨 마지막 대상인 〈더블 엘비스〉. 총잡이로 변신한 빨간색의 엘비스 프레슬리. 다른 그림들이 파리의 오르세 미술관이나, 피렌체의 우피치 미술관 혹은 뉴욕의 구겐하임 미술관에서 도둑맞는다면, 〈더블 엘비스〉는 동경의 특별전시장에 걸려 있다.

동양이지만 동양에 속하고 싶지 않은 일본. 서구를 빼닮았지만, 절대 서구가 될 수 없는 나라 일본. 첨단을 달리지만, 오직 모방과 베끼기를 통해서만 도달한 서구 문명의 총화로서 일본. 아시아를 벗어나 유럽으로 들어가려고 무진 애를 썼지만, 황인종일 수밖에 없는 자가당착적이고 이중적인 일본과 일본인. 그것을 웅변하는 동경과 〈더블 엘비스〉.

루벤을 추적하는 코왈스키 탐정

도둑이 있으면 경찰이 있고, 악이 있으면 선이 있기 마련. 빛과 그림자는 늘 동행이다. 도벽이 있는 곡예사 미미를 끈질기게 추적하는 마이크 코왈스키 탐정. 민첩하고 명민하며 쾌활한 인물 코왈스키가 오래 감춰진 어머니의 비밀을 감지한다. 아마도 그것이 〈루벤〉에 드리워진 흥미와 반전 그리고 행복한 결말의 원천일 것이다.

게르하르트 브란트의 두 번째 아내였던 코왈스키의 어머니. 의붓어미로서 루벤이 속수무책으로 아버지에게 속박당하는 것을 보던 그녀는 마이크를 위해 탈주를 감행한다. 아버지와 전혀 다른 성(姓)인 코왈스키를 쓰게 만든 장본인. 이렇게 본다면 루벤과 마이크는 같은 아버지를 둔 이복형제다. 기막히게 엮어진 두 사람의 관계.

크르스티치 감독은 인간관계에도 이중적인 의미를 부설한 것이다. 명화를 훔쳐내는 형 루벤과 그런 형을 추적하는 동생 마이크의 대결. 그리고 그들 사이에 매혹적인 여성 미미를 배치하여 입체적인 갈등 관계를 만들어낸 셈이다. 한국 드라마 같았으면, 막장이라고 불릴 만하건만, 〈루벤〉에서는 상황이 전혀 다르다. 각본의 힘이다.

이집트 벽화를 연상시키는 피카소의 그림과 그것을 변용하여 창

조된 〈루벤〉의 3차원 형상도 객석의 흥미를 자아내기에 충분하다. 눈이 세 개 달렸다거나, 입이 흉하게 찢어졌다거나, 몸통과 머리가 따로 놀고 있다는 느낌의 형상들이 화면을 가득 채운다. 그러나 관객은 생동감과 신선함을 느낄 뿐, 어색함의 그림자는 찾기 어렵다.

그러니 한 번 보시라! '백문이 불여일견'이란 말도 있잖은가! 21세기 만화영화의 신기원을 열어젖히는 헝가리 만화영화 〈루벤〉을 보시라!

오필리아

감독 클레어 맥카시

장르 드라마, 멜로/로맨스

출연 데이지 지들리, 조지 맥케이

개봉 2021. 7. 14.

사랑이냐, 권력이냐, 그것이 문제로다!
〈오필리아〉

-

아주 색다른 영화가 상영되고 있다. 여성 작가 리사 클라인의 소설원작, 여성 시나리오 작가 세미 첼라스 각본, 여성 감독 클레어 맥카시 연출, 여성 주연배우 데이지 리들리가 협업한 영화 〈오필리아〉가 그 주인공이다. 한마디로 여성들이 똘똘 뭉쳐서 일을 만들었다. 오필리아는 셰익스피어의 비극 〈햄릿〉(1600)에 등장하는 비운의 인물이다.

오필리아는 햄릿의 식어버린 사랑에 괴로워하다가, 햄릿에게 아버지마저 잃고 실성하여 죽음을 맞은 여인이다. 그녀는 독자적으로 생각하거나 출구를 모색하지 못하는 수동적이고 나약한 인물이다. 남성들의 권력과 애증에 휘둘리다가 파멸하는 비운의 여성. 그런 오필리아를 21세기 관점으로 재해석한 영화가 〈오필리아〉다.

영화의 전체적인 얼개는 〈햄릿〉에서 빌려왔지만, 이야기 전개와 등장인물들의 해석은 전혀 다르다. 고전의 현대적인 재해석은 언제나 양면의 칼날이다. 선과 악, 득과 실, 빛과 어둠이 공존한다. 셰익스피어를 곧이곧대로 따라간 케네스 브래너의 〈햄릿〉(1996)도 흥미롭지만, 이번에 나온 〈오필리아〉도 만만찮은 매력으로 관객과 만나고 있다.

오필리아, 그녀는 누구인가

얼굴에 검댕이 묻은 아이가 15살 햄릿 왕자의 잔칫날에 사고를 친다. 덴마크 엘시노어 성의 주인이자 왕의 외아들로 신성로마제국의 비텐베르크로 유학을 떠나는 햄릿. 왕의 동생 클로디어스의 장난질에 정면으로 응수하고, 왕비 거트루드의 말에 또박또박 대꾸하는 당돌한 소녀 오필리아. 그녀는 귀족이 아니라, 평민으로 그려진다.

지적 호기심으로 오빠 레어티즈에게 이것저것 캐묻고 글도 깨우친 오필리아. 여자에게 금지된 도서관을 드나들고, 높은 창턱에서 아래를 내려다보는 담대한 소녀. 영화는 오필리아가 어떻게 성장하고, 변화하면서 자신의 내면과 세계관을 만들어가는지 추적한다. 인체 해부도를 보면서 공부하는 레어티즈에게 오필리아가 묻는다.

"사랑과 진실, 광기는 대체 우리 몸 어디에 있는 거야?"

남녀의 사랑 이야기를 다룬 소설을 왕비 거트루드의 침실에서 읽어주는 오필리아의 눈빛과 표정이 생생하게 살아난다. 사랑을 향한 꿈으로 가득한 청춘의 오필리아. 다른 시녀들에게 따돌림을 당하면서도 자신의 본성을 꿋꿋하게 지켜내는 자존감 높은 오필리아. 자신의 아름다움에 빠진 왕자에게도 할 말은 해야 하는 그녀.

"두 가지 욕망이 싸우고 있군요. 비열한 욕망과 고귀한 욕망이!"

오필리아와 거트루드

오필리아만큼 변화폭이 큰 인물이 거트루드다. 원작에서 햄릿은 부왕의 복수를 미루면서도 거트루드에게 '오이디푸스콤플렉스'를 그대로 드러낸다. 햄릿의 진정한 배신감과 절망은 어머니의 재혼에 있는 듯하다. 하지만 영화의 거트루드는 전혀 다른 인물이다. 시동생 클로디어스의 노골적인 유혹과 추파를 거부하지 않는다.

전쟁과 국가만을 생각하는 남편이자 국왕을 붙잡아두려는 소극적인 여인 거트루드. 반면에 오로지 자신만을 바라보며 접근하는 클로디어스를 향한 사랑을 주체하지 못하는 여인 거트루드. 소년에서 청년으로 성장한 햄릿이 자신의 노화를 비웃어버리자 지극히 절망하고 질투하는 여인 거트루드. 사랑과 권력 가운데 사랑만을 추구하는 거트루드.

오필리아의 성장과 변화만큼 거트루드의 변화과정도 흥미롭다. 그녀가 젊음과 매력의 묘약을 청하는 성문 밖 숲의 마녀 마틸드와 맺고 있는 관계는 반전의 절정이다. 마틸드에게 의지하면서 '사랑' 하나에 매달리는 거트루드. 사랑을 위해서라면 남들의 시선쯤은 아무렇지도 않게 생각하는 거트루드. 하지만 그녀에게도 칼날이 있다.

클로디어스의 사랑에 속박된 여인에서 조금씩 자유를 되찾아가

는 거트루드. 오필리아가 실성한 것처럼 꽃을 들고 나타나 클로디어스를 펜넬(꽃말: 힘)과 '매발톱'(꽃말: 아첨)으로 조롱한다. 분노한 클로디어스에게 정면으로 반기를 들면서 오필리아를 놔두라고 힘차게 저항하며 대드는 거트루드. 사랑의 노예 거트루드를 스스로 거부하는 그녀.

오필리아와 햄릿

〈햄릿〉을 읽다가 햄릿은 오필리아를 사랑한 것일까, 의심이 든다. 아무리 광기가 도졌다고는 하지만, 오필리아의 아버지를 살해하고, 그녀에게 수녀원으로 가라는 햄릿을 도통 이해하기 어렵기 때문이다. 오필리아는 그런 햄릿에게 변변하게 저항 한 번 해보지 못하고 불귀의 객이 된다. 비극의 전형적인 여인상을 재연하는 오필리아.

〈오필리아〉에 오면 전혀 다른 여인이 우리를 맞이한다. 수련이 상아 색깔로 산뜻하게 피어난 호수에서 멱을 감는 오필리아. 하필이면 그 시각에 호수에 나타난 햄릿. 오필리아를 짓궂게 놀리는 햄릿에게 전혀 꿀리지 않고 응대하는 오필리아. 아주 잰걸음으로 곤경을 피해 달아나는 오필리아에게 깊이 빠져드는 덴마크 왕자 햄릿.

오필리아는 자신과 햄릿 사이에 가로놓인 거대하고 육중한 신분 장벽을 잘 알고 있다. 하지만 그녀는 자신을 향하는 햄릿의 열망을 외면하지 않는다. 달의 여신 아르테미스(디아나)가 목욕하는 장면을

훔쳐본 죄로 사슴이 되어 화살 맞아 죽은 악티온 이야기를 햄릿에게 들려주는 오필리아. 지적인 왕자 햄릿을 사로잡는 총명한 오필리아.

그들의 운명은 각자의 선택으로 엇갈린다. 사랑과 결혼을 위해 국왕도 포기할 수 있다던 햄릿과 그런 햄릿에게 함박웃음으로 화답했던 오필리아. 하지만 햄릿은 복수와 권력으로 급선회하고, 그들은 돌이킬 수 없는 길을 나란히 걷는다. 〈오필리아〉에서 손꼽을 수 있는 명장면 아닌가 한다. 사랑이냐, 권력이냐, 그것이 문제로다!

21세기 오필리아의 귀환

셰익스피어 희곡의 여성들은 남성들의 장식품이거나 무엇인가 모자라는 부차적인 인물로 그려졌다. 오필리아도 거트루드도 예외가 아니었다. 〈베니스의 상인〉에서 지극히 똑똑한 여인으로 묘사된 포셔조차 사랑하는 남성 바사니오 앞에서는 순종적인 여성에 지나지 않는다. 하지만 문화와 여성의 세기인 21세기에 이런 여성은 시대착오적이다.

〈오필리아〉가 관심의 대상이 되는 까닭이 여기 있다. 사랑을 외면하는 남편이자 국왕에게 물건까지 던질 만큼 격정적인 거트루드. 자신의 사랑 따위에는 완전한 무관심으로 일관하는 남편을 버리고 새로운 사랑을 찾아가는 거트루드. 그녀의 언니 마틸드 역시 여전히 첫사랑이자 옛사랑에게 모든 것을 던질 만큼 사랑의 화신이다.

오필리아는 마틸드와 거트루드가 선택한 운명보다 더 멀리 더 높이 나아간다. 결투를 눈앞에 둔 햄릿이 필경 죽으리라는 사실을 알면서도 오필리아는 자신의 길을 뚜벅뚜벅 간다. 나란히 걸으면서 그들은 전혀 다른 운명과 대면한다. 우리 시대의 오필리아는 남성들의 장식품이거나 그들 운명의 보조자가 아니라, 자기 운명의 용감한 개척자다.

우리는 오필리아의 신산한 여정을 본다. 홀로 노를 저어 강을 건너고, 말을 달려 거친 풀과 바위의 평원지대를 넘어 드디어 높은 곳에 우뚝 서는 오필리아. 아버지도 오빠도 국왕도 마침내는 유일하게 사랑한 애인이자 남편도 그녀를 막지 못한다. 〈오필리아〉는 의지와 열망으로 자신의 길을 걸어 나가는 21세기 신여성을 그려낸다.

모가디슈

감독 류승완

장르 액션, 드라마

출연 김윤석, 조인성, 허준호, 구교환

개봉 2021. 7. 28.

남북한, 대결을 넘어 공존으로!
〈모가디슈〉

-

　류승완 감독의 신작 영화 〈모가디슈〉가 입소문을 타고 영화관으로 관객을 끌어당기고 있다. 지난 7월 28일 개봉한 〈모가디슈〉는 일주일 만에 100만 관객을 넘어섰다. 코로나19로 생기를 잃던 한국 영화계에 활력을 불어넣고 있다. 〈모가디슈〉는 8월 4일 개봉한 블록버스터 〈더 수어사이드 스쿼드〉의 예매율을 압도하며 1위를 지키고 있다.

　류승완 감독은 연출보다는 액션 배우로 유명한 인물이다. 하지만 〈주먹이 운다〉(2005)와 〈짝패〉(2006)의 각본과 연출로 감독의 이미지를 각인한다. 〈부당거래〉(2010)와 〈베를린〉(2013)으로 자신의 고유한 색깔을 드러낸 그는 2015년 〈베테랑〉으로 천만 감독으로 등극한다. 그는 〈군함도〉(2017)로 한국 현대사의 통점(痛點)을 영화화하기도 한다.

　〈모가디슈〉는 우리에게 낯선 시공간에서 펼쳐지는 남북대결과 공조 그리고 민족애를 보여줌으로써 관객을 사로잡는다. 리들리 스콧 감독의 〈블랙 호크 다운〉(2001)으로 널리 알려진 내전의 나라 소말리아의 수도 모가디슈에서 펼쳐지는 드라마 〈모가디슈〉. 두 시간의 상영시간이 길게 느껴지지 않을 만큼 흡인력이 강한 영화가 〈모가디슈〉다.

남북대결

〈모가디슈〉의 시공간은 비교적 단순하다. 1990년 11월 28일 소말리아 국립대학 앞에서 시작하여 1991년 1월 12일 케냐의 수도 나이로비 공항에서 끝난다. 불과 45일 만에 극적인 사건들이 꼬리에 꼬리를 물고 진행되기 때문에 객석의 몰입도가 매우 높다. 사건장소역시 모가디슈 지역에 몰려 있기에 영화의 집중도 또한 높을 수밖에 없다.

소말리아에 한국 외교관이 파견된 지 3년 만에 얻어낸 대통령 면담이 어이없이 사라져버려 고통받는 한신성 대사. 그를 비웃듯 북한의 오랜 아프리카 외교 역사를 자랑하는 림용수 대사. 하지만 칼자루를 쥐고 있는 사람들은 1969년 쿠데타로 집권한 무하마드 바레 대통령과 그의 족벌세력. 그들 사이에서 각축을 벌이는 남북한 외교관들이 안쓰럽다.

〈모가디슈〉에서 남북대결을 구체화하는 인물들은 강대진과 태준기다. 안기부 출신 강대진과 보위부 출신 태준기는 사사건건 충돌한

다. 화해할 수 없는 대척점에 서 있는 두 사람의 대결은 물리적 폭력으로 절정에 이른다. 국가보안법을 발판으로 삼아 반공을 국시로 하는 한국의 강대진 참사관. 김일성 주체사상으로 철두철미 무장한 태준기 참사관.

　실화를 바탕으로 했다지만, 강대진이 북한 외교관 일행을 전향시키려는 장면은 류승완 감독의 영화적 상상력을 입증한다. 고립무원 상태에 빠진 그들에게 구원의 통로를 제공하면서 동시에 그들을 이데올로기 전쟁의 희생양으로 써먹으려는 강대진. 의심의 눈초리로 그를 추적하던 태준기가 사태를 방관할 리 없기에 벌어지는 일장 활극이 흥미롭다.

남북공조

1990년 12월 30일 아이디드가 이끄는 반군이 모가디슈에 입성함으로써 소말리아는 본격적인 내전에 접어든다. 전기와 통신이 끊기고, 대사관마저 반군에게 털리게 된 북한 외교관들의 목숨 건 탈출이 시작된다. 그들에게 구원의 손길을 내줄 중국 대사관과 소련 대사관 역시 반군의 공격으로 폐쇄된 상황. 절체절명의 순간 그들은 어디로 갈 것인가?!

반군과 정부군 사이의 교전이 날로 격화하는 가운데 남북한 대사가 머리를 맞댄다. 남북공조가 시작되는 것이다. 북한은 이집트 대사관에, 남한은 이탈리아 대사관에 원조를 요청하기로 한다. 여기서 림용수 대사가 한신성 대사에게 묻는다.

"만일 어느 한쪽만 탈출할 수 있다면, 어떻게 하겠소?"

"한쪽이라도 살아야 하지 않겠습니까!"

남북공조가 절정에 이르는 장면은 희극적이기도 하고 눈물겹기도 하다. 남북한 외교관 일행이 힘을 합쳐서 모래주머니와 책을 탈출 수단으로 활용하는 장면은 인상적이다. 재빠른 손놀림으로 손발을 척척 맞추는 남과 북의 사람들. 강대진이 북한 어린이를 안고 사선을 넘는 장면은 '피는 물보다 진하다'를 입증하는 명장면으로 기억될 것이다.

잘 만들어진 장면

<모가디슈>에서 수많은 관객이 꼽는 대표적인 장면은 긴박감 넘치는 자동차 추격전일 것이다. 누구든 이 지점에서 손에 땀을 쥐고, 숨을 멈춘 채 영화 속으로 빨려 들어가게 되리라. 영화에게 허용된 가장 효율적이고 익숙한 추격 장면. 생사를 걸고 쫓고 쫓기는 사람들과 긴장감 그리고 속도감이 관객들의 아드레날린을 풍성하게 탈취한다.

그런데 나는 생각이 다르다. 액션 전문 배우이자 감독 류승완의 또 다른 면모가 확연히 드러난 장면이 있기 때문이다. 촛불로 불 밝힌 대사관저에서 밥상을 앞에 두고 마주 앉은 남북한 사람들. 시장한 기색이 역력하지만 북한 사람들은 먹기를 주저한다. 꺼림칙한 것

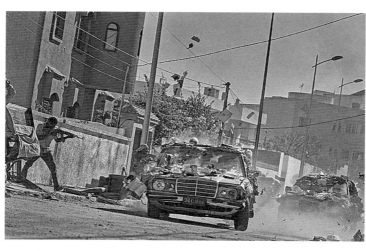

이다. 한 대사가 림 대사의 밥그릇과 자신의 밥그릇을 바꾼다. 고개를 끄덕이는 림 대사.

분주하게 오가는 젓가락이 반찬과 반찬 사이에서 부딪치고, 깻잎 절임에서 젓가락이 멈춘다. 혼자 힘으로는 적절한 양의 깻잎을 덜어내기 어렵다. 오직 한국인들만이 식용으로 한다는 깻잎. 누군가의 젓가락이 깻잎을 눌러주고, 첫 번째 젓가락 주인은 원하는 만큼 깻잎을 가져간다. 이것이야말로 남북공조를 제대로 보여주는 잘 만들어진 장면 아닐까!

1990년에나 있을 법한 사발면과 초록색으로 똬리를 튼 모기향까지, 류승완 감독은 〈모가디슈〉에서 꼼꼼하게 소품을 준비한다. 소품이 살아야 구조가 살아난다는 기본적인 상식을 지킴으로서 영화의 사실성을 극대화한 것이다. 흔한 신파조 대사나 진부한 포옹 또는 하염없이 흘러내리는 눈물로 이어지는 이별 장면을 상큼하게 생략한 영화 〈모가디슈〉.

공존을 위하여

탄환이 빗발치는 죽음의 질곡을 넘어 질주하는 차량을 끝까지 추적하는 소말리아 사람들. 그들은 반군이든 정부군이든, 좌든 우든 공통의 입장을 주장한다.

"외국인들은 모두 우리 땅에서 나가라!"

〈모가디슈〉에서 이 장면이 우리 관객에게는 낯설게 다가온 듯하다. 친정부든 반정부든 그들은 똑같은 하나의 목소리로 소말리아와 소말리아인을 위한 소말리아의 완전한 자치권을 주장한다. 좌우 공조가 이렇게까지 철저하게 이뤄지다니?! 어쩌면 이것이 미군을 필두로 한 유엔의 다국적군이 소말리아를 완전히 철수한 배경 아닐까 생각한다.

왼손잡이로 평생을 살아온 자신을 위로하는 림 대사에게 한 대사가 말한다.

"왼쪽만 쓴다고 하면 의심받을까 봐 양손 다 씁니다."

새는 좌우의 날개로 난다는 말이 자연스레 떠오르는 장면이다. 하지만 케냐의 나이로비 공항에서 그들을 기다리고 있는 정황은 전혀 새롭지 않다. 안기부와 보위부의 안내를 받으며 영원히 작별해야 하는 사람들의 표정은 못내 어둡다. 좌고우면하면 안 된다. 뒤를 돌아보아도 안 된다. 그것이 30년 전 남북한이 공존하는 방식이었다.

1991년 9월 17일 남북한은 유엔에 동시 가입한다. 〈모가디슈〉의 공조가 마침내 현실이 된 것이다. 그리고 다시 30년 세월이 흘렀다. 지난 7월 27일 오전 10시 한국전쟁 정전협정 68주년 기념일에 남북한 통신 연락선이 재개통되었다. 남북공조를 통한 평화만이 남북이 공존하는 유일한 방도임을 확인하도록 인도하는 영화 〈모가디슈〉에 축복을!

내가 날 부를 때

감독 인뤄신
장르 드라마
출연 장쯔펑, 샤오양, 주원원
개봉 2021. 9. 9.

꿈과 현실 사이에서
〈내가 날 부를 때〉

-

영화는 힘이 세다. 잘 만들어진 영화는 객석을 쥐락펴락한다. 눈물과 웃음, 흐느낌과 박장대소가 공존하는 공간. 거기서 인간의 운명과 고단한 팔고(八苦)의 생을 돌이키는 관객. 놀라운 상상력이나 장쾌한 대작 영화가 아님에도 관객을 휘어잡는 영화가 있다. 그것도 우리처럼 소소한 인간들의 일상을 촘촘하게 들여다보는 영화.

관객이 들지 않는 영화 〈내가 날 부를 때〉를 보다가 눈물이 난다. 어린 시절 4남매를 건사해야 했던 나의 아버지 어머니의 휘청거렸을 삶이 눈에 밟혔기 때문이다. 김치나 감자조림 아니면 튀각이 전부였던 도시락 반찬. 드물게 모습을 보였던 달걀 부침개. 나중에 알게 됐지만, 계란말이는 오직 둘째 아들한테만 싸주셨던 엄마.

요즘 한국인들은 가난했던 시절의 이야기에는 관심 없다. 그 시절 이야기는 '꼰대'들이나 하는 너스레 정도로 생각한다. 문제는 경험의 공유 여부가 아니라, 공감에 있다. 각자의 관심이 다른 곳에 있을 때, 대화는 일방통행이다. 누구나 지구는 자신을 중심으로 돌아간다고 믿는 세상. 그렇게 21세기 20년대가 쏜살같이 흘러간다.

안란의 꿈

간호사로 일하는 안란은 꿈이 있다. 북경의 의과 대학원에 진학하는 것이다. 지방 도시에서 간호사로 일하는 그녀는 지방도 싫고 간호사 직책도 싫다. 어릴 적부터 꿈꾸었던 북경과 의사 직분을 오래도록 열망하는 안란. 고등학교 시절부터 부모에게 독립하여 제 앞길을 꾸려왔던 당찬 소녀 안란. 그녀에게 가혹한 시련이 닥친다.

어느 날 문득 찾아든 부모의 사고사. 일하느라 받지 못한 전화에 자책하는 그녀. 불귀의 객이 되어버린 부모가 남긴 일점혈육이 그녀에게 덤으로 남는다. 유치원에 다니는 코흘리개 남동생이다. 죽음이 무엇인지, 왜 엄마와 아빠가 집에 없는지 모르는 철부지 동생. 〈내가 날 부를 때〉는 이런 상황과 마주해야 하는 청춘의 이야기다.

적어도 5년 넘게 마음속으로 품어왔던 북경과 대학원 그리고 의사의 삶. 그 모든 것이 불현듯 들이닥친 사고로 물거품으로 돌아갈 지경이다. 당신이라면 어린 동생을 맡아 기르겠는가, 아니면 동생을 버리고 학업과 미래가 보장된 북경으로 떠나겠는가. 여기까지만 보면 영화는 20대 청춘의 꿈과 시련을 다룬 성장영화처럼 보인다.

안란과 남동생

안란은 동생을 맡아서 기를 생각이 전혀 없다. 동생을 기른다는
것은 자신의 꿈과 미래를 송두리째 포기하는 것이기 때문이다. 더욱
이 그녀에게 동생은 친숙하지 않은 인물이다. 그도 그럴 것이 안란
에게는 아직도 기억에 생생한 아픈 추억이 시퍼렇게 살아있다. 〈내
가 날 부를 때〉에서 잘 만들어진 장면 가운데 하나가 이 지점이다.

아파트 베란다에서 소녀가 진홍색 치마를 입고 해맑게 뛰놀고 있
다. 아파트 문이 급히 열리고 여성이 들이닥치더니 말한다. "절름발
이가 아니잖아요?!" 문을 박차고 나가는 여성과 뒤를 따라가며 통사
정하는 안란의 아빠. 낭패한 표정이 역력하다.

"왜 치마를 입고 있는 거야? 치마를?!" 아빠가 회초리를 가져와
그녀의 볼기짝을 인정사정없이 후려치기 시작한다. 엄마가 아빠를

가로막는다. "난 절름발이가 아니에요!" 매를 맞던 안란이 고개를 빳 빳이 들면서 아빠한테 당차게 대든다. 1가구 1자녀 시대의 가슴 아 픈 풍경이다. 아들 보려고 안란을 장애인으로 둔갑시킨 아버지.

중국에서 두 자녀 출산이 전면 허용된 것은 2016년의 일이다. 유 치원 다니는 남동생과 간호사로 일하는 안란의 나이 차가 그토록 큰 까닭이 여기 있다. 어려서부터 아빠의 사랑을 받지 못한 안란이 늦 둥이로 태어난 동생을 서먹서먹하게 대하는 데는 이유가 있다. 그들 각자는 자신을 사랑하고 존중하는 일에 아주 익숙해져 있다.

누나와 여성의 이중고

고모가 경영하는 가게의 2층 내실. 두 딸의 어머니이자 위중한 산 모 때문에 모르는 사람들과 한바탕 야단법석을 벌인 안란과 고모가 마주 앉아 있다. 수박화채가 담긴 그릇을 앞에 둔 안란. 고모는 자른 수박을 우걱우걱 먹는다. 장식장 선반에 마트료시카 인형이 몇 개 있다. 고모가 자신의 남동생이자 안란의 아버지와 얽혔던 지난날을 돌아본다.

"어릴 적에 모기 때문에 잠에서 깼는데, 너희 할머니가 네 아빠에 게 수박을 주면서 누나 몰래 빨리 먹으라고 하더라. 나는 러시아어 과에, 네 아빠는 전문대에 같은 해에 합격했어. 할머니는 가정형편 때문에 둘 중 하나는 포기해야 한다고 하셨지. 나는 한 달에 50위안

을 벌어서 네 아빠 학비에 보태라고 15위안을 매달 내놓았다. 내가 누나니까!"

안란이 수박을 허겁지겁 먹기 시작한다. 몇 입이나 먹었을까, 고개를 처박고 울기 시작하는 안란. 여자니까, 누나니까 아주 많은 것을 포기해야 했던 고모의 신산한 인생. 그래서 그런지 고모는 안란이 동생을 맡아야 한다고 주장한다. 하지만 안란은 고모의 그런 삶에 동의할 마음이 추호도 없다. "난 고모처럼 살기 싫어요!"

자본주의 첨단을 걷는 21세기 20년대 중국에 담겨있는 지난날의 상처가 맨살을 드러낸다. 공산당의 섣부른 산아제한정책과 왕자병에 걸린 사내아이들, 의료사고를 돈으로 보상받으려는 환자와 과다 처방을 전혀 반성하지 않는 의사, 관계를 통해서 입신출세를 보장받

으려는 청춘. 이 모든 것을 버리고 안란은 꿈의 도시 북경으로 가고 싶은 것이다.

동생을 어찌할 것인가?!

안란이 샤워하다 말고 흐느껴 운다. 목욕물과 눈물로 범벅되는 안란, 그녀는 아까 있던 일을 기억하며 숨죽여 운다. 말썽이나 피우고, 제멋대로이며, 하고 싶고 먹고 싶은 것은 끝까지 관철하려는 어린 동생. 그를 차마 놓아버리고 싶었던 안란. 목놓아 누나를 부르며 지하철 구내를 뛰어다니는 동생. 숨어서 동생을 바라보는 안란.

안란의 손에 들려있는 아버지의 청원서에 적힌 글귀는 처절하다.

"제 딸은 장애인입니다. 두 번째 출산을 허가해 주시기 바랍니다."

비바람 몰아치는 공원묘지에서 청원서를 발기발기 찢어버리는 안란.

"나는 엄마 아버지에게 잘했다는 얘기를 듣고 싶었어요! 정말 보고 싶어요!"

안란이 합의서를 앞에 두고 앉아 있다. 그녀가 찢어버린 청원서에 아버지의 서명이 적혀 있는 것처럼 그녀도 서명하면 상황은 종료

된다. 베란다에서 누나를 흘깃 바라보는 동생, 과연 안란은 저녁 비행기 편으로 북경으로 날아갈 것인가?! 그리하여 다시는 동생과 만나지 않고 평생을 살아갈 것인가?! 동생의 팔을 놓을 것인가, 끝까지 붙들 것인가!

글을 마치면서

오전 10시 15분에 시작한 영화가 순식간에 작별을 고한다. 127분의 상영시간이 전혀 길지 않게 느껴진 게 나만의 일인지 모르겠다. 몹시 가난했던 우리나라의 1960-70년대가 자꾸 겹쳐져서 더욱 몰입했는지도 모르겠다. '우골탑' 신화가 일반화되어 장남에게 모든 걸 몰아주었던 시간대. 산업화 시대가 불러온 구슬픈 세태풍경이 중국에서 재연되다니!

여성이라는 이유로, 누나이자 여동생이기에 온갖 불이익과 불평등을 참아야 했던 지난 세기의 누이들과 누나들이 자꾸만 떠오르는 것이다. 그렇게 세월이 흘러 이제 그들의 머리에도 하얗게 서리가 내리고, 할머니가 되어버렸다. 그들이 감당해야 했던 공순이와 식모와 안내양의 고단한 일상과 사라진 꿈과 염원은 어디서 어떻게 보상받아야 하는가?!

오빠이자 남동생이라는 이유로 우선권을 부여받았던 남성들은 영화를 보면서 무슨 생각을 할까?! 그래서 조금은 아쉽고 허탈했다.

'이대남'과 '이대녀' 갈등을 조장하고 부추기는 언론들의 행태가 더욱 괘씸하게 다가온다. 남성과 여성은 갈등과 대결이 아니라, 돕고 의지하며 살아가는 운명 공동체다. 〈내가 나를 부를 때〉를 보면서 떠오른 소회다.

아버지의 길

감독 슬로단 고르보비치
장르 드라마
출연 고란 보그단
개봉 2021. 9. 30.

아버지는 왜 300Km를 걸어야 했는가
〈아버지의 길〉

-

코로나가 바꾼 것들 가운데 하나가 영화 상영목록이다. 예전에는 충무로와 할리우드 영화가 압도적이었는데, 요즘엔 국적이 상당히 다채롭다. 슬로단 고르보비치 감독의 〈아버지의 길〉도 그렇다. 세르비아 영화를 국내에서 볼 수 있을 거라곤 생각조차 해본 적이 없다. 그래선지 관객은 별로 들지 않았지만, 영화를 실제로 본 느낌은 강렬했다.

1972년에 유고슬라비아에서 출생한 고르보비치 감독은 〈빗나간 과녁〉(2002), 〈트랩〉(2008), 〈써클즈〉(2013) 같은 영화를 연출했다. 특히 〈트랩〉으로 '충무로 국제영화제' 대상을 받은 것으로 알려져 있다. 심각한 심장병을 앓고 있는 아들의 수술비를 위해 청부살인을 고민하는 지극히 도덕적인 인간 블라덴의 내적 갈등을 다룬 영화다.

〈아버지의 길 Put otca〉 원제는 그냥 〈아버지 Otac〉다. 수입사에서 영화의 전체적인 내용을 보고 제목을 바꾼 듯하다. 장자이 데뷔작인 〈집으로 가는 길〉의 원제는 〈나의 아버지 나의 어머니〉였다. 그런 제목으로는 까다로운 한국 관객의 취향을 맞출 수 없으리라 판단하고 제목을 바꾼 게다. 이런 개명(改名)이 성공적인지는 잘 모르겠다.

가장 니콜라의 선택

얼룩덜룩한 옷을 걸친 아낙이 딸의 손을 잡고 아들과 함께 공장으로 들어선다. 수위에게 제지당한 여인이 큰소리로 외친다. 남편의 밀린 2년 치 임금 체불(滯拂) 때문에 온 가족이 굶주리고 있다. 배가 너무 고프다. 돈을 주지 않으면 분신하겠다고 절박하게 외친다. 하지만 쏟아지는 햇빛 아래 들려오는 대답은 메아리밖에 없다.

같은 시각 그녀의 남편이자 두 아이의 아버지 니콜라 스토이코비치는 벌목 현장에서 비정규직으로 일하고 있다. 그에게 무엇인가 알려주는 동료. 니콜라가 일손을 내려놓고 달리기 시작한다. 그가 도착한 곳은 병원. 화상을 입은 아내가 붕대로 몸을 감싼 채 누워 있다. 영화 〈아버지의 길〉은 이렇게 우울하고 참혹하게 시작한다.

세르비아의 후미진 농촌 마을에서 벌어진 사건이 외연을 넓혀간다. 그것은 니콜라가 경험하는 세르비아의 지방관리인 사회복지과 센터장의 부당함 때문이다. 엄마의 분신 현장에 있던 아이들이 '외상 후 스트레스 장애'를 겪을지 모른다는 이유로 센터장은 아이들을

위탁 부모에게 넘긴다. 그리고 니콜라에게 까다로운 양육조건을 제시한다.

하루 벌어 하루 먹고 살기도 빠듯한 니콜라가 무슨 수로 센터장의 조건을 충족할 수 있겠는가?! 하지만 니콜라는 자신이 할 수 있는 최선의 노력을 기울인다. 아버지로서 니콜라는 조금도 모자람이 없다. 하지만 센터장은 이런저런 구실로 아이들을 넘겨주지 않는다. 니콜라의 선택은 단순하다. 사회복지부 장관을 직접 만나는 것이다.

아버지 니콜라의 여정

세르비아의 오지에서 수도인 베오그라드까지 300Km의 길을 걸어가기로 마음먹은 니콜라. 영화가 보여주는 상당 부분은 니콜라가

그 여정에서 만나는 사람과 풍경이다. 그래서 영화는 로드무비의 성격을 동반한다. 니콜라가 산에서 들개들과 마주치는 살 떨리는 장면은 장발장이 디뉴의 거리에서 경험하는 장면과 비슷하다.

'석방된 죄수, 절도죄 5년, 탈옥기도 14년, 매우 위험한 자'라는 내용이 적힌 통행증을 소지한 장발장. 술집과 여관, 식당에서 외면당하는 장발장의 바지를 한사코 물고 늘어지는 개. 장관에게 전할 이의신청서를 소지하고 무작정 길을 나선 세르비아의 니콜라. 니콜라는 돌아갈 수도, 미리엘 주교처럼 거둬주는 사람도 없다.

병원에서 니콜라가 마주친 60대 사내의 사연은 기막힌 것이다. 아들이 넷이나 되지만, 그들은 병든 아버지를 입원시켜놓고 행방이 묘연하다. 말세인 세상을 한탄하는 세르비아 노인. 그런데 놀라운 일은 그것만이 아니다. 병원 마당에서 흥겨운 음악이 들린다. 신혼부부를 위한 결혼피로연이 벌어지고 있다. 삶은 그래도 계속된다.

피어린 5박 6일의 강행군으로 니콜라는 베오그라드에 도달한다.

하지만 세르비아의 관료주의는 지방에 국한되지 않는다. 어쩔 도리 없이 노숙을 이어가야 하는 니콜라. 쏟아지는 빗줄기를 뚫고 누군가 그에게 따뜻한 식사를 건네고 사라진다. 허겁지겁 퍼먹다가 온 얼굴을 일그러뜨리며 통곡하는 니콜라. 아버지의 신산한 길이다.

인간 니콜라의 의지

〈아버지의 길〉은 니콜라의 여정을 따라가면서 세르비아의 현저한 빈부격차를 보여준다. 아름답고 풍요로워 보이는 시골 마을의 이면에 자리한 처절한 빈곤과 베오그라드의 마천루가 대비된다. 남루한 행색의 니콜라와 그의 구식 휴대전화와 우아한 자태의 고위관리와 그의 스마트폰이 대조를 이룬다. 그렇게 세상은 굴러간다.

니콜라가 아내의 손을 맞잡고 위로한다. 모든 게 잘 되리라는 남편의 확신에 아내는 감격한다. 하지만 그들은 관료주의의 벽을 아직도 모른다. 영화에서 백미는 니콜라가 아이들과 작별하는 장면이다. 아버지가 자기네를 버렸다고 생각하는 아들 밀로스는 아버지의 품을 한사코 외면한다. 반드시 데리러 오겠다고 다짐하는 니콜라.

"아이한테 손대지 마!"

사회복지과 직원들이 아들을 강제로 차에 태우려 하자 니콜라가

소리친 말이다. 심중의 크나큰 분노와 절망, 한탄과 슬픔을 오래도록 간직했으나, 꾹 참아왔던 니콜라가 한순간 폭발한 것이다. 밀로스가 직원들을 뿌리치고 달려와 아버지의 품에 안긴다. 여기서 영화는 니콜라가 걸었던 아버지의 길에 담긴 의미를 제대로 보여준다.

니콜라가 네 개의 의자가 놓인 식탁에서 빵을 잘라 먹는다. 혼자 마른 빵을 씹는 니콜라. 그의 눈빛에 결연한 의지와 자부심 그리고 앞날의 희망이 빛난다. 언젠가 식탁에 네 사람이 앉아서 먹을 것을 나누며 오순도순 이야기하는 날이 꼭 오리라!

글을 마치면서

〈아버지의 길〉을 보면서 낯설게 다가온 풍경은 니콜라가 돌아온

다음이다. 두 사람을 제외한 마을 사람 전원이 니콜라의 남루하고 보잘것없는 가재도구를 가져가 버린 상황이다. 설령 그가 돌아오지 않더라도 그렇게 함부로 남의 물건에 손을 대다니, 하는 생각이 드는 것이다. 그런데 그들이나 니콜라나 아무렇지도 않게 가져가고 가져온다.

카잔차키스의 장편소설 〈그리스인 조르바〉에 등장하는 오르탕스 부인이 죽어가는 장면과 유사하다. 그녀가 살아있는데도 크레타 사람들은 스멀스멀 그녀의 집으로 기어든다. 그들은 하나같이 가재도구를 탐한다. 그녀가 죽자마자 그들은 승냥이처럼 괴성을 지르며 물건을 둘러싸고 아귀다툼을 벌인다. 저것이 그들의 풍습인가?!

세르비아에서 실제로 일어난 사건을 바탕으로 한 〈아버지의 길〉은 우리나라 아버지를 생각하게 한다. 경제권과 의사 결정권을 잃고, 서열마저 강아지나 고양이에 밀리는 아버지. 선진국 대열에 올라섰다는 나라의 무기력한 아버지와 달리 가난한 나라의 강인하고 당당한 아버지가 멋있고 부럽게 다가온 것은 나만의 생각인가!

용과 주근깨 공주

감독 호소다 마모루

장르 애니메이션 모험 드라마

출연 사토 타케루(류 목소리), 나리타

료(히사타케 시노부 목소리)

개봉 2021. 9. 29.

두 세계가 이어지면 기적이 이뤄진다!
〈용과 주근깨 공주〉

-

    일본 만화영화는 다채롭다. 스튜디오 지브리의 거장 미야자키 하야오는 영웅신화와 실낙원, 인간과 자연의 공존 같은 거대 담론 구현의 대표자다. 인간의 본원적인 사랑과 관계의 복원을 지극히 서정적으로 그려내는 신카이 마코토. 2006년 〈시간을 달리는 소녀〉부터 시작하여 3년 주기로 문제작을 내놓는 호소다 마모루까지.

    1980-90년대를 거쳐 21세기에 이르기까지 미야자키 하야오가 선보인 영화들 면면은 정말 대단하다. 〈바람계곡의 나우시카〉(1984), 〈천공의 성 라퓨타〉(1986), 〈이웃집 토토로〉(1988), 〈모노노케 히메〉(1997), 〈센과 치히로의 행방불명〉(2001), 〈하울의 움직이는 성〉(2004), 〈바람이 분다〉(2013) 등등. 가히 재패니메이션의 총화다운 목록이다.

    신카이 마코토의 내공도 상당하다. 〈초속 5센티미터〉(2007), 〈별을 쫓는 아이-아가르타의 전설〉(2011), 〈언어의 정원〉(2013), 〈너의 이름은

(2017), 〈날씨의 아이〉(2019)까지. 〈일본서기〉의 이자나기와 이자나미 신화에 기초한 〈별을 쫓는 아이〉와 〈만엽집〉에서 취재한 〈언어의 정원〉은 그가 일본의 고대에도 관심을 돌리고 있다는 증거다.

가상세계 OZ와 일본의 한적한 농촌 나가노의 대가족을 중심으로 사건이 전개되는 〈썸머 워즈〉(2009)가 〈용과 주근깨 소녀〉와 일맥상통한다. 호소다 마모루 영화에서 가상공간은 현실 세계와 조응하면서 두 세계의 공존 가능성을 제시한다. 우리는 이미 가상공간과 현실 세계의 경계가 많이 허물어진 세계에 거주하고 있다.

스즈와 벨

남녀공학 고교생 스즈는 남다른 아픔이 있다. 여섯 살 때 엄마를 잃은 것이다. 자신과 아무 관계도 없는 아이를 구하려 했던 엄마. 그날부터 스즈는 '외상 후 스트레스 장애'에 시달린다. 그런 스즈를 오래도록 지켜보며 도움의 손길을 내미는 시노부. 하지만 스즈는 자신의 마음을 열지 못하고 속으로만 끙끙댄다. 둘의 사랑은 가능할 것인가?!

인기 많은 시노부처럼 공부 잘하고 몸매도 좋으며 고적대 대장인 루카가 학급의 대세 여학생이다. 모두가 부러워하는 루카. 스즈는 루카보다 히로와 마음을 주고받는다. 목소리는 아름답지만, 언제부턴가 노래하지 못하는 스즈. 히로는 스즈를 가상공간 U로 불러들인다.

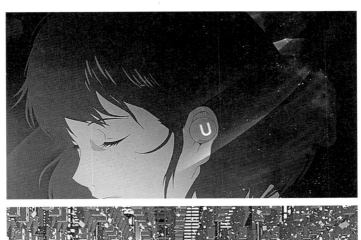

〈용과 주근깨 소녀〉에서 가상공간 U는 그야말로 별천지다.

　등록계정 50억의 초대형 가상세계 U는 '메타버스'이며, As는 또 '하나의 나'인 아바타로 이뤄진 가상공간이다. 스즈는 '벨'이란 이름으로 계정을 열고, 등장하자마자 가상세계의 스타로 군림한다. 현실의 스즈와 달리 벨은 기막힌 가창력으로 가상세계를 사로잡는다. 그녀의 첫 번째 공연이 예정된 날 예기치 않은 사건이 벌어진다.

용과 케이

    가상세계의 수호자인 '저스틴'과 그의 추종자들이 상처 입은 용을 추격한다. 공연장을 아수라장으로 만들고 사라지는 저스틴 무리. 벨은 용의 심각한 상처와 괴로운 눈빛에 마음을 빼앗긴다. 그리하여 관객은 객석에서 두 세계의 공존과 동시성을 확인한다. 가상세계에서 사람들은 하나같이 벨과 용의 정체에 대해 궁금증을 토로한다.

    As의 실체이자 현실 세계의 접속자(사용자)를 '오리진'이라 부른다. As는 오리진의 생체정보와 연동해서 만들어지는데, 이것을 '보디 셰어링'이라 한다. 보디 셰어링을 저지함으로써 가상세계 U의 공간에 오리진의 실제 모습이 드러날 수 있는데, 이것이 '언베일'이다. 이런 기제들로 현실과 가상세계가 공존하는 영화가 〈용과 주근깨 공주〉다.

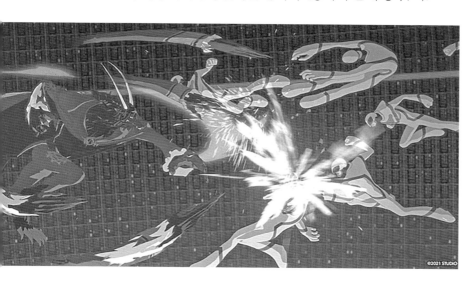

벨은 용의 상처가 예사롭지 않음을 보고 용에게 동질성을 느낀다. 용을 향한 동정과 연민으로 용을 찾아가는 여정을 시작하는 벨. 하지만 용은 벨의 그런 관심이 조금도 탐탁지 않다. 계속해서 자신의 본심과 정체를 감추는 용. 누구에게도 동정 따위는 받지 않겠다는 오연(傲然)한 용과 그런 용을 한사코 위로하고 달래주려는 벨.

두 세계가 이어진다면?!

느닷없이 나타나 가상세계를 혼란으로 몰아넣는 용과 추적자 저스틴 무리 사이에서 벨은 교묘하게 중심을 잡는다. 그리하여 벨은 마침내 용의 상처를 어루만져주고 안아준다. 하지만 그것도 잠시 그들 관계는 계속해서 이어지지는 않는다. 그것은 벨처럼 용도 무엇인가 남모를 아픔이나 상처로 인해 고통받고 있기 때문일 것이다.

사람들이 벨의 정체를 궁금해하는 것처럼 스즈도 현실 세계에서 용의 실체를 알고 싶어 한다. 왜 계속 도망치면서 타인의 손길을 거부하는 것일까, 궁금증이 커져 간다. 그러다가 마침내 확인하게 되는 용의 실체. 그것은 가정폭력에 노출된 소년의 모습이었다. 아버지의 거칠고 잔인한 주먹질에 내던져진 어린 형제 가운데 형 K.

스즈는 히로와 친구들의 도움을 받아 현실 세계의 케이를 찾아 나선다. 아무런 계획도 없이 비 내리는 동경(東京) 거리를 이리저리 뛰어다니며 케이를 찾아 헤매는 스즈. 그런 스즈를 알아보는 케이.

그들을 막아서는 케이의 아버지가 휘두르는 폭력. 하지만 스즈는 케이 형제를 얼싸안고 조금도 물러서지 않는다. 단호한 눈빛의 스즈.

메타버스의 신세계를 열어젖힌 호소다 마모루

가상세계의 두 인물 벨과 용이 현실 세계의 스즈와 케이로 대면하는 장면은 아주 인상적이다. 엄마를 잃고 마음의 문을 오래도록 닫아걸었던 스즈가 마침내 아버지와 대화를 시작하고, 아버지의 무한폭력에 신음하던 케이는 다른 생의 가능성을 본다. 이것이야말로 영화 〈용과 주근깨 공주〉에서 여러 번 반복되는 주제 가운데 하나다.

"U는 또 하나의 현실. 세상을 바꾸고 새롭게 살아보자!
또 하나의 나로 살아보자! 두 세계가 이어질 때 기적이 일어난다!"

어린 나이에 겪어야 했던 엄마의 상실로 크게 상처받은 스즈가 이제는 케이를 위로할만큼 성장한다. 허공에서 흔들리기만 하고 때릴 대상을 찾지 못한 채 힘없이 내려오는 케이 아버지의 주먹. 그것은 유약해 뵈지만, 이미 훌쩍 성장한 스즈의 강력한 내면의 힘을 상징한다. 누구도 케이를 함부로 하지 못하도록 하겠다는 의지 표명.

한쪽에서는 농촌의 아름다운 자연과 고교생들의 이야기가 전개되고, 다른 쪽에서는 복잡다단하고 거대한 가상세계가 펼쳐진다. 유장하고 느긋한 현실 세계와 신속하고 웅장하며 장대한 가상세계가 서로 교차하면서 영화는 이어진다. 완전히 분리된 현실과 가상세계가 대화하는 신기원의 영화 〈용과 주근깨 공주〉가 상영되고 있다.

글을 마치면서

한국 드라마와 영화가 세계 곳곳에서 관심을 끈다고 한다. 격세지감이다. 1990년대 진개가와 장예모 같은 중국의 5세대 감독들이 칸과 베네치아 영화제를 휩쓸고, 일본도 나름의 저력을 발휘한 때가 떠오른다. 중국의 고도성장과 5세대 감독들의 퇴장으로 중국 영화는 변방으로 밀려났고, 일본 역시 영화판에서 약자로 전락한다.

반면에 만화영화 부문은 일본의 독주가 여전하다. 연상호 감독의 문제작 〈돼지의 왕〉(2011)과 〈사이비〉(2013) 정도를 제외하면 제대로 된 만화영화가 하나도 없다. 혹자는 〈마당을 나온 암탉〉(2011)을 거명하지만, 초등학생 수준의 유치한 이야기로는 대중의 정서를 자극하거나 감동을 주지 못한다. 작화에 들인 노고가 눈물겨운 수준의 영화!

모두가 보고 좋아할 만한 만화영화에 필요한 첫 번째 조건은 탄탄하고 설득력 있는 이야기다. 엄마를 생각하면 언제나 힘이 난다는 유치찬란한 주제는 유치원 아이들에게나 어울리는 것이다. 차고 넘치는 우리의 고전과 역사에서 이야기를 발굴하여 현대화하는 작업이 무엇보다 시급하고 절실해 보인다. 충무로의 분발을 촉구한다!

푸른 호수

감독 저스틴 전

장르 드라마

출연 저스틴 전, 알리시아 비칸데르,
시드니 코왈스키

개봉 2021. 10. 13.

입양아가 마주한 인종의 용광로 미국
〈푸른 호수〉

-

    잔잔하지만 강력한 흡인력을 가진 영화가 상영되고 있다. 한국계 미국인 저스틴 전이 연출한 〈푸른 호수〉다. 1981년 출생한 저스틴 전은 한국보다 미국에 많이 알려진 인물이다. 저스틴 전은 미국 독립영화계에서 주목받는 감독 가운데 한 명으로 이름을 올렸다. 배우로 출발한 그는 〈트와일라잇〉(2008), 〈뉴 문〉(2009), 〈이클립스〉(2010) 등에 출연했다.

    저스틴 전은 〈맨 업〉(2015), 〈국〉(2017), 〈미스 퍼플〉(2019) 같은 영화의 각본과 연출을 맡음으로써 각본가와 감독으로 능력을 인정받는다. 지난 10월 13일 개봉한 영화 〈푸른 호수〉는 2021년 제26회 〈부산국제영화제〉 '월드 시네마' 부문과 제74회 〈칸영화제〉의 '주목할만한 시선' 부문에 초청받음으로써 작품성을 인정받았다.

안토니오 르블랑

상당히 낯선 이름이다. 르블랑이란 이름은 괴도(怪盜) '루팡'과 연결되어 있다. 프랑스의 탐정 소설가 모리스 마리 에밀 르블랑 (1864~1941)이 그 창조자다. 〈푸른 호수〉의 주인공 안토니오의 성은 르블랑이다. 하지만 그는 깜장 머리에 노란 피부, 갈색 눈동자와 광대뼈가 튀어나온 한국인이다. 어째서 그는 안토니오 르블랑이 되었을까?!

눈처럼 하얀 피부의 여자아이 제시를 데리고 안토니오가 자동차 수리공장에서 면접을 본다. 그를 응시하는 영사기는 희망과 행복으로 넘쳐나는 젊은이를 잡아낸다. 온몸이 문신투성이지만 그에게서 어떤 악의나 잔인함 혹은 범죄 가능성을 찾아내기 어렵다. 계속 장난치는 제시를 제지하며 면접을 보는 안토니오의 얼굴이 점점 어두워진다.

〈푸른 호수〉는 작은 호수와 사내아이, 흰 저고리에 검정 치마를 입고, 쌍까풀이 없고 광대뼈가 도드라지는 젊은 여인을 보여준다. 어디선가 "자장자장 우리 아가 잘도 잔다, 우리 아가!" 하는 노래가 들린다. 필경 사내애의 어리디어린 엄마의 목소리일 것이다. 이윽고 색동저고리를 갖춰 입은 아이를 물속에 밀어 넣는 여인. 자지러지게 우는 아이.

세 살 나이에 낯설고 물선 아메리카에 와서 하얀 피부와 푸른 눈의 이방인 부모에게 길러지는 안토니오. 그런 안토니오에게 돌연 날

아든 강제 추방 통지서. 1988년에 입양된 그가 미국에서 살아온 30년 넘는 세월이 한순간 아무 의미도 없게 되는 어처구니없는 상황. 영화는 이런 정황을 안토니오의 신산한 인생 여정과 결합한다.

캐시와 제시

〈푸른 호수〉에서 우리의 눈길을 잡아끄는 다른 인물은 제시(시드니 코왈스키)와 그의 엄마 캐시(알리시아 비칸데르)다. 어째서 그들은 안토니오와 가족을 이루게 됐을까?! 캐시의 뱃속에는 새로운 생명이 자라나고 있다. 아이는 캐시와 안토니오의 소생이다. 초등학생 제시는 동생의 탄생이 달갑지 않다. 아이에게 밀려날 것을 걱정하며 저항하는 제시.

> "제시, 네가 날 선택한 것처럼, 나도 널 선택한 거야. 우리는 가족이야!"

영화에서 '선택'이란 어휘는 묵직한 무게를 가진다. 우리가 일반적으로 이해하는 가족의 개념에서 선택은 들어설 자리가 없다. 태어나면서부터 부모 자식 관계가 아예 정해져 있기 때문이다. 하지만 안토니오와 캐시 그리고 제시의 상황은 아주 다르다. 마치 안토니오가 생모에게 선택받지 못하고, 이국땅에서 양부모에게 선택된 것처럼!

　캐시는 안토니오의 따뜻함과 자상함을 흉중에 품고 산다. 그녀에게 전남편 에이스는 '선택'의 범주에서 자신들을 제외한 냉혈한으로 각인돼 있다. 따라서 제시가 바라보는 생부의 모습은 엄마의 시각과 조금도 다르지 않다. 그래서다. 관객이 마주하는 안토니오 일가족의 단란한 모습이 그토록 아름답고 따사로우며 정겨운 까닭은 '선택'에 있다.

또 다른 선택

　문신을 해주면서 생계를 버는 안토니오에게 다가오는 베트남 여성 파커. 그녀는 말기암 환자지만 주눅 들지 않고 살아가는 여성이다. 그녀의 고단한 행적을 들은 안토니오는 수고료를 거절한다. 파커는 안토니오 가족을 자신들의 파티에 초대한다. 백인들의 땅에서 벌어지는 베트남인들의 은성(殷盛)하고 화려한 잔치 한마당.

안토니오는 어떻게 그녀가 미국에 오게 됐는지 궁금하다.

> "아버지가 가족에게 두 척의 배에 나눠 타라 하셨어요. 그래서 우린 살아남았죠!"

파커의 부친에게 '선택'을 후회하지 않느냐고 묻는 안토니오. '전혀 아니'라는 답변을 쉽게 내뱉는 파커의 부친. 만일 그런 선택이 아니었다면, 그래서 배 한 척에 온 가족이 다 탔다면, 모두 죽었을 것이라 확신하는 파커와 아버지. 그는 안토니오에게 한국과 베트남의 공통점을 말한다. 전쟁과 그로 인한 파국과 이산의 고통을 전한다.

〈푸른 호수〉는 백인들의 땅인 미국 남부에서 한국계 미국인과 베트남계 미국인이 어떻게 서로 이어지는지 보여준다. 나아가 왜 그들은 백인들과 섞이지 못하고, 물과 기름처럼 따로 떠도는지 알려준다. 아시아계 미국인들을 대하는 남부 미국인들의 배타성과 그로 인해 벌어지는 대결과 충돌이 어떤 양상으로 전개되는지도 영화는 드러낸다.

저스틴 전의 21세기 신파

영화를 보노라면 곳곳에서 눈물샘이 자극을 받는다. 유리한 방향으로 증언해줄 결정적인 인물을 데려오라는 변호사의 말에도 안토니오는 꿈쩍도 하지 않는다. 변호사가 지목한 인물은 그의 양모 수잔. 하지만 안토니오는 그녀를 찾아가지 않는다. 여기서 안토니오와 캐시의 반목과 갈등이 심화한다. 그는 자신의 속내를 아내에게 털어놓지 않는다.

안토니오에 따르면, 수잔은 숱한 선택의 고비에서 한 번도 안토니오를 선택하지 않는다. 그런 내면의 고통과 상처를 캐시에게도 털어놓지 않는 안토니오. 세상에서 가장 사랑하는 아내조차 알지 못하는 켜켜이 쌓인 비밀의 장막에 캐시는 질식한다. 가진 것이라고는 오직 믿음과 사랑밖에 없는 캐시의 눈물겨운 하소연은 객석을 신파로 몰고 간다.

저스틴 전이 관객의 눈물을 짜내는 놀라운 능력은 아역배우 시드니 코왈스키에서 정점에 이른다. 작별의 마지막 순간에도 의붓아비와 거리 두던 제시가 느닷없이 소리친다.

"아빠, 가면 안 돼! 가지 마!"

호송하던 경찰을 뿌리치고 제시에게 달려가는 안토니오. 친부를 곁에 두고 의붓아비를 목놓아 부르는 하얀 피부의 제시. 피 한 방울

섞이지 않은 제시가 그토록 안토니오를 부르는 까닭은 무엇인가?! 그것은 분명 피와 살의 섞임을 넘어서는 인간적인 정리와 애틋함일 것이다. 지금까지 꾹꾹 눌러왔던 객석의 오열이 한꺼번에 터지는 놀라운 장면이다.

글을 마치면서

〈미나리〉를 〈푸른 호수〉와 견주는 사람도 있다. 부질없는 짓이다. 〈미나리〉는 나름의 미덕이 있고, 〈푸른 호수〉에도 고유한 색깔과 향기가 있다. 윤여정은 없지만, 알리시아 비칸데르가 있는 〈푸른 호수〉. 거기에도 나름의 인생과 사랑과 아물지 않은 상처가 있다. 〈푸른 호수〉는 많은 눈물과 짧은 웃음이 있는 영화다.

한때는 세계의 용광로로 불렸던 나라 미국. 세계의 인종과 문명과 문화가 하나로 뒤얽혀 거대한 섞어찌개를 끓여냈던 위대한 나라 미국. 그런 미국이 21세기 여성과 문화와 과학기술의 세기에 접어들면서 퇴락하고 있다. '아메리칸드림'이 소멸하고, 각자도생하는 우울한 퇴행을 경험하고 있는 2021년의 세계와 코로나19 여진(餘震)은 암울하기 그지없다.

〈푸른 호수〉는 미국의 통점(痛點)을 통렬하게 잡아낸다. 그리고 묻는다. "이래도 괜찮은 거 맞아?" 영화 〈푸른 호수〉는 트럼프가 선택하고, 바이든이 따라가는 미국의 '아동인권법'에 문제를 제기한다.

아울러 고아 수출국 1위의 오명을 벗은 지 얼마 되지 않는 우리를 돌아보게 한다. 한국에 쏟아지는 난민과 불법 이주민들을 어떻게 처리할 것인가?!

동백

감독 신준영

장르 드라마, 가족, 전쟁

출연 박근형, 신복숙, 정선일

개봉 2021. 10. 21.

여수와 순천의 동백꽃 만 송이 지다
〈동백〉

-

여수 오동도의 2월 바닷바람은 꽤 차다. 봄바람 같지만, 칼날이 스며있는 바람이다. 그즈음 오동도를 가득 채우는 동백꽃! 해풍에 반짝거리는 청록색 이파리가 새빨간 동백꽃과 대조를 이루어 장관을 연출한다. 그런데 동백꽃은 피어 있을 때보다 질 때가 훨씬 처연하고 아름답다. 무궁화꽃처럼 동백꽃도 꽃 모가지가 통째로 툭툭, 떨어진다.

여수와 순천의 역사적인 사건을 소재로 한 영화 〈동백〉이 상영 중이다. 어떤 이들은 '여순반란사건'이라 하고, 어떤 사람들은 '여순항쟁'이라 부르며, 혹자는 '여순사건'이라 말한다. 기존의 국가 공권력 기준에 따르면 반란이고, 민중 기준이면 항쟁이며, 중간 입장을 가지면 사건이 된다. 제주 4.3이 반란과 항쟁, 사건 사이를 맴도는 것과 같다.

동백식당 식구들

　3대 72년 전통을 자랑하는 여수의 국밥집 '동백식당'이 영화의 공간이다. 사건이 2020년에 진행되기에 동백식당은 1948년 개업한 셈이다. 붓글씨 잘 쓰고 명민했던 아버지와 순하디순한 어머니 사이에서 철없이 자라던 순철. 세월이 흘러 그가 팔순을 목전에 둔 노인이 되고 말았다. 머리에 상고대가 피었지만, 순철은 뻣뻣하기 그지없다.

　순철은 환갑 다 된 아들이 동네 사람들에게 인심 베푼 것도 트집을 잡는다. 그런 트집은 공무원들에게도 예외가 아니다. 돈을 받아낼

때면 그가 꼭 하는 말이 있다.

"느그덜이 빨갱이냐?! 공짜 밥을 먹으려고 하니 말이여!"

맛은 좋으나 순철의 인심이 박해 동백식당은 운영에 어려움을 겪는다. 외아들 남식은 아버지의 드센 성정을 이기지 못하고 순응하며 살아간다. 그의 아내 순자도 시부에게 변변히 저항할 엄두도 내지 못한다. 그들의 외아들 귀태는 나이 서른이 되도록 앞가림도 제대로 하지 못하는 딴따라다. 이런 네 식구 이야기가 〈동백〉에 빼곡하게 담긴다.

문제적 인물 장연실

투자전문회사 '대명'의 회장 장연실. 연실은 아버지 장태식이 설립한 회사를 이끌고 있다. 태식의 연고가 여수이기에 그녀는 여수에 남다른 감회를 가지고 있다. 그런 연실이 어느 날 동백식당을 찾는다. 손녀 혜지와 함께 국밥을 맛있게 먹는 연실. 혜지는 어린 나이지만 국밥을 뚝딱 해치우고 순철과 숨바꼭질 놀이를 하려 든다.

동백식당을 대명과 연결하려는 연실. 〈동백〉은 여기서부터 전혀 예기치 못한 상황과 맞물린다. 있을 법하지 않은 인연과 관계의 실타래가 느닷없이 풀리며 영화는 흑백과 천연색을 교차하며 과거와

현재가 이어진다. 아주 오래 묵은, 그래서 누구나 까맣게 잊어버렸다고 생각한 사건의 한가운데로 영화는 관객을 데리고 간다.

그런 까닭에 장연실은 매우 문제적인 인물이 된다. 아버지 태식과 국밥집 순철의 부친이 얽힌 인연을 밝힘으로써 아버지의 고통을 덜고자 하는 연실. 지옥 같은 시공간을 함께 살아야 했던 두 사람의 악연이 어쩔 수 없었다고 변명하는 연실. 태식의 죄의식과 무죄를 강력히 항변하는 연실. 하지만 순철은 연실과 생각이 전혀 다르다.

그날의 피와 오늘의 진실

깜장 고무신을 신은 아이의 발밑으로 검붉은 피가 천천히 흘러든다. 어쩔 줄 모르고 괴로워하며 울부짖는 아이. 잔악한 '백두산 호

랑이'는 어째서 아이의 아버지를 죽인 것일까?! 손가락질 한 번으로 삶과 죽음이 교차했던 시대. 아들이 항명했다면, 아버지도 빨갱이가 되어야 했던 연좌제의 시대. 굶주린 인간에게 적선한 사람을 학살한 시대.

하지만 아이는 아버지의 상실과 절망과 좌절을 뼛속 깊이 새겼지만, 아버지의 피에 담긴 의미는 모른 채 살아왔다. 그의 내면 가장 깊은 곳에 철심처럼 박힌 것은 빨갱이에 대한 사무치는 분노와 원한이었다. 더욱이 시간과 더불어 아버지의 피가 자신을 옥죄고, 다시 자기 아들까지 옴짝달싹하지 못하도록 하는 현실의 모든 원죄는 '빨갱이'였다.

칠흑처럼 어두웠던 시대상과 과잉의 이데올로기, 그것에 편승한

이승만의 악행을 연실이 외치지만 순철은 막무가내다. 72년 전의 비극적인 사건과 흑역사는 이제 잊어버리라는 사람들의 말에 치를 떠는 순철. 그는 사무치는 표정으로 고함친다.

> "왜 다들 잊으라고 하는 거야. 잊으라고 하기 전에 단 한 번만이라도 "너희는 죄가 없어", 라고 말해야 하는 것 아니야. 아무 죄도 없다고 말이야."

아버지의 죽음을 잊어버리라고 하기 전에 그것을 잊도록 하는 최소한의 장치가 아버지의 무죄를 인정하는 일이라고 순철은 절규한다. 문제는 연실이 그런 순철의 요구를 들어줄 처지에 있지 않다는 사실이다. 〈동백〉은 〈지슬〉처럼 군과 민의 문제가 아니라, 민과 민의 문제를 주목한다. 공권력의 이름으로 죽임을 당한 여수와 순천의 사람들!

1948년 10월 19일

한국군을 동원하여 제주 4.3사건을 진압군으로 파견하려는 이승만과 그것을 추인하는 미군 수뇌부. 여수에 주둔하던 제14연대는 이런 결정에 불복한다. 그들은 무고한 제주 민간인을 학살할 수 없다는 이유로 항명한다. 이에 이승만은 미군의 허락을 받고 여수와 순천을 잔인하게 진압한다. 그리하여 씻을 수 없는 국가범죄인 여순사건이 일어난다.

〈동백〉은 1948년 10월 19일에 발생한 여순사건을 최초로 다룬 영화다. 영화 〈꽃비〉(2010)와 〈지슬〉(2013)은 제주 4.3을 다룬 영화다. 현기영의 〈순이 삼촌〉이 제주 4.3을 처음으로 다루었다면, 조정래의 〈태백산맥〉은 여순사건을 정면으로 포착한다. 재일교포 작가 김석범의 대하소설 〈화산도〉는 양자를 엮어 드넓은 역사적인 시야를 펼쳐 보인다.

그 사이 국회는 2021년 7월 20일 〈여순사건 특별법〉을 공포했다. 이로써 2022년 1월 21일 이후 〈여수·순천 10.19사건〉의 진상 규명과 희생자 명예 회복의 길이 열리게 됐다. 제주 4.3 사건과 비교해 상당히 늦었지만, 이제부터 우리는 여순사건의 본질과 진상 규명을 통해 역사적 진실의 실체에 접근할 수 있게 된 것이다.

11,131송이 동백꽃 지다

살기 위해 국밥을 내준 사람과 살기 위해 총을 든 사람의 이야기를 다룬 〈동백〉. 한편에는 살기 위해 내준 국밥 한 그릇 때문에 죽어간 사람이 있고, 다른 한편으로는 그것을 한평생 업처럼 짊어진 사람이 있다. 국밥 한 그릇의 악연으로 이어진 14연대 군인과 국밥집 주인의 한 맺힌 삶과 인연과 대물림의 비극을 다룬 영화 〈동백〉.

영화 끄트머리에 동백꽃 한 송이가 화면을 채운다. 피어 있을 때처럼 붉디붉은 선혈의 동백꽃. 이어지는 흑백 사진 속의 잔인한 장면들이 객석을 죽음처럼 무거운 침묵으로 인도한다. 저런 잔인무도하고 잔악한 살상이 이 나라 여수와 순천에 있었구나. 11,131명의 생명을 앗아간 여순사건이 실체적 진실 규명을 기다리고 있다.

당신 얼굴 앞에서

감독	홍상수
장르	드라마
출연	이혜영, 조윤희, 권해효
개봉	2021. 10. 21.

꿈과 죽음 사이에서
〈당신 얼굴 앞에서〉

-

홍상수 감독의 신작 영화 〈당신 얼굴 앞에서〉가 상영되고 있다. 언제나 그랬듯 그의 영화를 보러오는 관객은 많지 않다. 홍상수 영화를 볼라치면 뜬금없이 이창동 감독의 영화가 떠오른다. 1997년 〈초록 물고기〉에서 시작하여 2018년 〈버닝〉에 이르기까지 20년 넘도록 고작 6편의 영화를 연출한 과작(寡作)의 이창동.

1996년 〈돼지가 우물에 빠진 날〉부터 2021년 〈당신 얼굴 앞에서〉까지 26편의 영화를 연출한 다작(多作)의 홍상수. 두 사람의 공통점은 객석의 반응이 쓸쓸하다는 점이다. 딱 하나 예외가 있다면, 이창동의 〈밀양〉(2007)이 160만 관객을 모은 일이다. 그것은 2007년 칸영화제에서 전도연이 여우주연상을 받았다는 이유로 가능했다.

인간 세상의 깊고도 너른 실존과 길을 묻는 이창동과 일상의 콜콜한 얘기를 요모조모 들여다보는 홍상수를 동렬에 놓고 비교함은 부질없는 일이다. 하지만 동시대를 살아가는 두 감독이 바라보고 투영하는 세계인식과 실천의 거리가 극명하게 어긋나되, 동시에 객석에 던지는 다채로운 문제의식은 생각할 만한 것이 아닐 수 없다.

공간과 시간

고전 그리스 비극은 하나의 공간에서 8시간 안에 시작하여 끝나되, 하나의 사건을 중심으로 전개되는 것이 틀이었다. 이런 구조는 '삼일치 법칙'으로 프랑스 신고전주의 시기에 널리 알려진다. 관객은 제한된 시공간과 사건 전개에서 교훈과 카타르시스를 얻으면서 아티카의 시민 의식을 고양하는 계기를 비극에서 확인하곤 했다.

〈당신 얼굴 앞에서〉는 공간 이동과 24시간 그리고 사건의 부재를 보여준다. 홍상수 영화에서 사건이 실종된 것은 어제오늘의 일이 아니다. 그것은 일상의 사건으로 현대인의 삶이 급변이나 전환을 경험하지 않기 때문이다. 태풍이나 지진 혹은 지진해일이 닥친다 해도 우리의 오늘과 내일은 굳건하게 유지될 것이기 때문이다.

아파트에서 카페로, 이태원과 인사동으로 옮아가는 공간이 새로움이나 놀라움을 불러일으키지 않는다. 게다가 놀랄만한 사건이나 충격적인 관계 설정 혹은 파열이 있다면 또 모를까?! 홍상수는 언제나 객석의 작은 바람마저 외면하고 모른 체하는 인물이다. 그가 보기에 세상은 그렇고 그런 시공간에 못 박혀 있기 때문이다.

이질적인 공간 이태원

　한물간 여배우 상옥이 도심의 작은 공간에 들어선다. 주저하며 머뭇거리다 올라선 마당에 녹음이 한창이다. 세상은 지금 철쭉이 흐드러지게 피어난 봄의 절정과 만나고 있다. 마당에 들어온 그녀는 익숙한 걸음걸이로 꽃 진 라일락 뒤편으로 들어간다. 누군가 그녀를 부른다. 집주인 여자다. 그들 사이의 거리를 좁히는 것은 담배.

　재스민과 옥토 세이지가 한창인 마당의 벤치에서 그들은 맞나게 담배를 피운다. 그리고 보면 요즘 홍상수 영화에서 담배와 술이 부쩍 줄었다. 인간과 인간의 격의 없는 유대관계를 확인하는 데 술과 담배를 끔찍하게 선호하는 이가 홍상수다. 한 잔의 술과 한 개비의 담배로 인간적인 정리를 나누는 사람들의 현존을 강조하는 홍상수.

"너 이름이 뭐야? 서지원이오. 몇 살이야? 여섯 살요. 인천 살
아? 네. 인천에 집이 있어? 아니요, 여기가 우리 집이에요."

지원이 또래였을 때 이태원 그 집에서 살았다는 상옥. 그녀가 지
원이를 안아준다. 아주 오래전에 사라졌을 법한 옛일을 기억하고 용
케 그곳을 찾아든 상옥. 그녀가 하이힐을 또각또각 소리 나게 하면
서 이태원 옛집을 허위허위 빠져나온다. 꿈속을 걷듯 어린 시절을
회상하듯 아스팔트 포도(鋪道)에 고정된 시선과 흔들리는 발길.

정옥의 꿈

정옥은 언니가 시애틀에서 서울로 왜 느닷없이 날아왔는지 모른
다. 궁금하지만 그렇다고 꼬치꼬치 캐물을 만큼 그들은 정겨운 자매
가 아니다. 오래전부터 깨어난 상옥은 커피잔을 홀짝거리다 무료한
듯 정옥의 손을 향해 손을 뻗는다. 깊이 잠든 정옥을 상옥은 차마 깨
우지 못한다. 정옥과 상옥은 그런 정도의 거리를 안고 살아간다.

"정말 이상한 꿈을 꿨어. 좋은 꿈이야?! 그런 것 같아. 꿈 얘기 좀
해봐. 아니, 최소한 12시간은 지나서 얘기할 거야. 왜?! 복권이
라도 한 장 살까 봐!"

　　잠에서 깨어난 정옥이 말하는 꿈은 상옥의 호기심을 자극한다. 하지만 정옥은 순순히 꿈 이야기를 털어놓지 않는다. 김유신의 누이인 보희와 문희의 꿈 이야기가 재현되는 21세기 서울의 아파트. 보희 자매는 꿈을 팔고 사면서 인생의 급전을 마주하지만, 상옥과 정옥은 우리에게 꿈의 실체를 말하지 않는다. 그것은 무의미하고 잊힌 꿈이다.

　　소파에 잔뜩 웅크린 채 상옥이 커피잔을 들었다가 내려놓았다 한다. 맞은편 침대에는 정옥이 잠들어 있다. 진작 일어난 언니는 커피 한 잔을 다 마셔가지만, 정옥은 깊은 잠에 빠져 있다. 상옥이 정옥에게 손을 뻗친다. 끙, 소리 내며 돌아눕는 정옥. 상옥이 일어나 그녀의 얼굴을 향해 자리를 옮긴다. 낮은 소리로 그녀가 묻는다.

　　"얘, 정옥아! 꿈을 꾸는 거니?!"

꿈은 무엇인가?!

인생을 꿈에 빗댄 작품 가운데 〈햄릿〉은 압권이다. 3막 1장에서 햄릿이 말한다.

"사느냐 죽느냐 그것이 문제로다. 죽는다는 것은 잠자는 것이다.
 잠자는 것은 필경 꿈을 꾸는 것이리라."

죽음과 잠과 꿈을 동렬에 놓고 사유하는 셰익스피어의 인식은 놀 랄만하다. 우리가 알아차리지 못할 뿐, 자면서 우리는 날마다 죽음과 얼굴을 마주한다. 잠에서 만나는 꿈은 우리를 망상의 허방다리로 인 도하지만, 그 또한 무상을 강조할 따름이다. 꿈에서 인간의 잠재의식이나 무의식을 도출해낸 자들의 탁견은 그래서 경이롭다.

'호접지몽(胡蝶之夢)'에서 장주(莊周)는 꿈과 현실 사이의 거리를 훌훌 뛰어넘는다. 꿈속의 나비가 자신인지, 꿈에서 깨어난 자신이 장주인지 명확하게 분간하지 못하는 장자. 장자의 이야기는 불가(佛家)에서 말하는 색과 공의 무분별, 즉 '색즉시공 공즉시색'과 만난다. 분별과 무분별의 아득한 경계마저 사유하고 수용하는 관자재보살.

상옥이 영화감독 재원에게 받은 문자 메시지를 크게 웃어버림은 무분별에서 분별로 이동하는 절정이며, 그녀에게 할애된 시공간과 운명의 명징한 확인이다. 그녀가 인사동에서 꾸었던 몽롱한 꿈과 기획의 파탄은 문득 그녀에게 깨우침을 던진다. '그래, 모든 게 꿈일 뿐이야!' 하지만 동생은 아직 깊은 잠에 빠져 꿈을 꾸는 모양이다.

첫눈이 사라졌다

감독 마우고시카 슈모프스카, 마셀
       엔그레르트

장르 판타지

출연 알렉 엇가프, 마야 오스타쉐브스카,
       아가타 쿠레샤

개봉 2021. 10. 20.

정말로 지구에 눈이 오지 않는다면?!
〈첫눈이 사라졌다〉

-

만일 앞으로 지구에 눈이 오지 않는다면 당신은 어떻게 하겠는가?! 아무렇지도 않게 생각할 수도 있고, 어린애처럼 서운해할 수도 있다. 하지만 첫눈에 대한 찬란한 기억은 있을 것이다. 첫눈 오는 날이면 강아지처럼 뛰어다니고, 미친 사람처럼 소리를 질렀던 시절. 시간이 흘러 누군가와 더불어 카페에서 주점에서 하염없는 이야기꽃을 피웠던!

그런 꿈같은 사건과 이야기가 영원히 우리 곁을 떠난다는 건 정말 슬픈 일이다. 〈첫눈이 사라졌다〉는 영화는 더는 오지 않을 눈에 관한 아름다운 서사다. 우리에게는 낯선 폴란드어와 러시아어 그리고 프랑스어가 혼재하는 이국적인 영화이기도 하다. 하지만 그들을 매개하는 주인공 제냐 덕분에 관객은 가슴 따뜻한 이야기와 대면하게 된다.

제냐는 누구인가

제냐는 구소련에 속한 나라 우크라이나 사람이다. 제냐는 '알렉산드르'라는 이름을 줄여서 만든 애칭이다. 1986년 4월 26일 체르노빌 원전 사고가 일어났을 때 그는 사고지점과 가까운 곳에서 살고 있었다. 당시 일곱 살 소년 제냐는 사랑했던 엄마를 원전 사고로 잃는다. 아버지 없이 자라던 제냐가 엄마마저 떠나보내야 했던 체르노빌 사고.

제냐는 폴란드의 아담한 계획 소도시에 산다. 그는 전문적인 마사지사다. 날마다 제냐는 정해진 시각에 고객을 방문한다. 언제나 큼지막한 가방을 메고 다니는 제냐. 영화는 그의 단조롭고 반복되는 일상을 꾸밈없이 보여준다. 제냐는 어디서나 크게 환영받는다. 그것은 그의 뛰어난 마사지 솜씨와 너그럽고 따사로운 인품 때문이다.

주민들은 자신의 내면을 제냐에게 털어놓는다. 남편과 아이들에게 부대끼는 주부, 병치레하면서 이런저런 요법을 시도하는 남정네, 과학에 천재적인 재능을 가진 아이의 엄마, 사람 대신 개와 함께 사는 여자에 이르기까지. 그들의 소소하고 평범하며 시끌벅적한 삶의 내면을 스스럼없이 받아들이고 그들과 대화하며 가족처럼 살아가는 제냐.

제냐의 최면술

어떤 사람들은 제냐를 마사지사가 아니라 구원자로 생각한다. 그들을 내리누르는 일상과 관계와 과거의 하중이 너무 무겁고 가혹하

기 때문이다. 제냐는 최면으로 그들을 전혀 다른 세계로 데려간다. 그곳은 그들이 두고 왔거나 망각한 자연 생태계가 고스란히 살아 숨 쉬는 숲이다. 하지만 숲은 매양 다른 모습으로 다가온다.

홀로 버려졌거나, 민들레가 하염없이 홀씨를 날리거나, 누군가 다 가오는 숲 한복판에 서 있거나. 그것은 분명 그들이 언젠가 경험했거 나 혹은 그들 내면 깊숙한 곳에 은폐된 아픈 자아의 잔영이다. 프로 이트와 융의 심리학에서 말하는 '잠재의식'에 깊이 자리하고 있는 본 원적인 자아의 실체와 대면하여 병든 내면을 치유 받는 사람들.

정작 제냐는 자신의 문제는 해결하지 못한다. 어린 시절 그토록 사랑했던 엄마를 잃어버리고 홀로 방치된 채 30년 넘는 세월을 떠 돌이로 살아야 했던 제냐. 그는 꿈에서 어린 시절의 자신을 본다. 죽 어가는 엄마를 속수무책으로 바라봐야 했던 제냐. 숲을 마주한 지붕 위에서 홀로 햇살을 받으며 쓸쓸하게 앉아있던 고독한 소년 제냐.

슈퍼히어로 제냐?!

제냐가 날마다 지나가는 길목을 지키는 문지기 영감이 귀가하는 제냐를 한사코 붙잡는다. 경비실에서 흔쾌하게 술을 마시며 웃고 떠드는 두 사람. 술 취한 제냐가 이륜 전동차를 차고 거리를 누빈다. 그의 입에서 자신만만한 고함소리가 터져 나온다.

"내가 당신들 모두 구해줄게요!"

이 장면에서 그는 스스로 슈퍼히어로가 되었음을 느낀다. 정작 엄마를 구하지 못했지만, 이제 소도시 거주민 모두를 구해주겠다는 것이다. 죽어가는 엄마를 살리지 못했다는 아픈 기억을 잊어버리고 새로운 세상과 만나는 제냐. 하지만 제냐는 잠시 취해 있을 뿐 아니던가?! 진정한 슈퍼히어로는 말짱한 정신으로 자신의 초능력을 실행해야 한다.

하지만 이 장면에서 관객은 제냐가 오랜 세월 품어왔던 진실한 열망을 확인한다. '취중진담(醉中眞談)'이라는 말처럼 누구나 대취하면 자신의 본성을 드러내기 마련이다. 제냐가 열망했던 꿈은 엄마 대신 지금 함께 하는 사람들을 구해주는 것이다. 제2 제3의 체르노빌에 노출돼있는 사람들을 초능력으로 살리는 것이 그의 잠재적인 열망이다.

제냐, 놀라운 마술을 선보이다

소도시 아이들의 학예회가 다가온다. 아이와 학부모들을 위해 연극을 준비했던 사람이 세상과 작별하고, 제냐가 대역을 맡는다. 제냐는 사람들에게 놀라운 마술을 보여주고 싶어 한다. 상자 속에 사람을 집어넣고 자물쇠로 잠근 다음, 그 사람을 상자 밖으로 꺼내는 마술. 긴장된 음악과 연기 속에서 기막히게 마술을 구현하는 제냐.

하지만 사람들이 크게 당황하기 시작한다. 제냐가 사라진 것이다. 방금까지 화려한 의상을 입고 놀라운 마술 연기를 펼쳤던 제냐가 느닷없이 자취를 감춘 게다. 무슨 까닭인가?! 그는 어디로 갔으며, 무엇 때문에 모든 사람이 보는 앞에서 소리도 없이 자신의 흔적을 지웠는가?! 슈퍼히어로 제냐는 사람들을 구했다고 생각하는가?!

낯선 사내들이 제냐를 찾아다닌다. 제냐는 언제부턴가 아파트 문두드리는 소리를 들어왔다. 누군가 그를 추적하고 있다. 그들이 누구인지, 왜 제냐는 그들을 피하는지 우리는 모른다. 꼬마 여자애의 말에서 단서를 유추할 수 있을 듯하다.

"제냐의 슈퍼히어로 능력을 빼앗으려는 거죠?!"

〈첫눈이 사라졌다〉가 전하는 것은

　누구나 자신만의 기억방식이 있다. 세상을 바라보고 타자와 소통하는 수많은 방식이 있는 것처럼, 기억은 각자에게 고유하다. 기억은 언제나 두 갈래 길을 간다. 슬픔과 기쁨, 패배와 승리, 절망과 환희 그리고 흑과 백. 중간지대에서 우리는 평화롭지만, 우리는 중간지대에 무심하거나 그냥 지나친다. 자극적이지 않기 때문이다.

　35년 전의 체르노빌 원전 사고를 아직 기억하는 사람은 많지 않다. 아주 머나먼 지난날의 일로 생각한다. 그것의 가까운 과거형이 2011년 3월 11일 동일본 대지진과 후쿠시마 원전 참사라는 사실을 서로 연관 짓는 사람도 많지 않다. 하지만 감독들은 이 세상의 모든 것은 하나의 견고한 실로 꿰어져 서로 연결되어 있다고 말한다.

　1945년 8월 나가사키와 히로시마의 원자폭탄 투하, 1987년 4월 체르노빌 원자력 발전소 폭발 사고, 2011년 3월 후쿠시마 원전 사고는 예고된 참사다. 인류의 욕망이 스스로 멈추지 않는 한, 이런 참사는 미래 진행형일 가능성이 크다. 이런 참사가 되풀이된다면 미래 어느 날에는 눈이 오지 않을 날이 반드시 오리라.

　폴란드의 마우고슈카 슈모프스카 감독과 미할 엔글레르트 감독은 〈첫눈이 사라졌다〉에서 그것을 강조하고 있다. 하지만 영화를 보면서 위로받는 대목은 첫눈이 폭설로 내리면서 소도시 전체가 하얀 눈으로 뒤덮이는 장면이다. 그래, 아직 우리 지구는 구원받을 수 있다는 감독들의 따사로운 눈길이 아름답게 다가온다.

메이드 인 이태리

감독 제임스 다시

장르 드라마, 멜로/로맨스

출연 리암 니슨, 마이클 리처드슨,
발레리아 비렐로

개봉 2021. 11. 24.

눈은 시원하게, 가슴은 따사롭게
〈메이드 인 이태리〉

-

　한 편의 영화를 보고 나서 따뜻한 가슴을 안고 가벼운 발걸음으로 돌아오는 길은 넉넉하다. 야간 고속도로를 쾌속으로 질주하다 가로등 환한 국도로 접어들 때 느끼는 여유로움이랄까?! 혹은 늦은 저녁에 찾아온 반가운 벗의 방문이라고 할까?! 그도 아니면 오래전에 망각한 사진첩을 우연히 찾아내 넘겨보는 설렘이라고나 할까?!

　속도감과 과장, 긴장과 이완의 되풀이, 충격과 공포의 연속적인 변주가 없는 따사로운 영화 〈메이드 인 이태리〉. 완만한 곡선으로 층층이 겹쳐진 대지에 허리띠처럼 풀어진 길과 선이 가는 피라미드 닮은 가로수. 왁자지껄 떠들썩한 이탈리아 시골식당. 푸르른 하늘과 느닷없이 쏟아지는 소낙비. 이 모든 것이 한데 어우러진 영화.

　숨 막히는 갈등과 촘촘한 인과관계, 응축되었다 폭발하여 탄성을 자아내게 하는 영화 장르의 놀라운 속성이 여기에는 아예 없다. 그래서 낯설지만, 또 그런 까닭에 매혹적인 영화가 〈메이드 인 이태리〉다. 복잡하지도 지나치게 단출하지도 않은 관계와 인연과 사건이 실타래에서 풀려난 여러 가지 색실처럼 헐겁게 전개되는 영화.

토스카나, 그 매력적인

이탈리아반도 중부에 자리한 토스카나를 대표하는 곳은 피렌체, 피사, 시에나 같은 유서 깊은 도시들이다. 특히 피렌체는 미켈란젤로, 라파엘로, 다빈치 같은 르네상스의 대표적인 화가들과 유럽의 고전 〈신곡〉의 알리기에리 단테를 배출한 도시로 유명하다. 그런데 〈메이드 인 이태리〉에 나오는 공간은 작고 외진 농촌 마을 '아지아노'다.

어디를 가나 하늘을 향해 삐죽하게 솟아오른 사이프러스가 가로수로 자라는 고장 토스카나. 긴 세월 붓을 놓아버린 화가 로버트가 편안한 자세로 말한다.

"사이프러스 두 그루가 프레임을 이루고 공허한 공간을 지나 완벽하게 중앙에 자리 잡은 중심점으로 보는 이의 시선을 이끌지. 모든 것은 이곳 토스카나의 물결치는 듯한 언덕으로 하나가 된단다."

물결치는 야트막한 언덕에는 밀과 포도가 자라고, 들판에서는 들

꽃 무리와 야생 양귀비가 춤추듯 바람에 나부낀다. 토스카나의 일몰과 일출, 한낮의 태양과 야트막한 구름장들이 한가로이 떠다니는 하늘, 베란다에 내놓은 형형색색의 화분들. 몸과 마음이 지치고 아픈 사람들은 누구라도 토스카나에서 위로받고 치료받을 수 있을 것 같다.

로버트와 잭

돌이키고 싶지 않은 비극적인 사건을 공유하는 아버지 로버트와 아들 잭. 그들을 이어주는 매개고리는 로버트의 아내이자 잭의 엄마 라파엘라다. 치명적인 교통사고로 어느 날 불귀의 객이 되어버린 라파엘라. 그 후로 오랫동안 로버트와 잭은 남남처럼 살아왔다. 그러다가 문득 잭이 아버지를 소환한다. 토스카나에 있는 문제의 집을 팔자면서!

영화는 런던에서 시작하여 도버-칼레해협을 지나 이탈리아 토스카나로 우리를 인도한다. 영화는 부분적으로 로드무비 형식을 취하는 것처럼 보인다. 하지만 길에서 길로 길이 이어지지만, 인물들의 흔들리는 내면 풍경과 변화양상은 보이지 않는다. 길은 길과 맞닿아 있지만 그들의 대화와 관계는 단절과 분절로 점철되어 좀처럼 연결되지 않는다.

로버트는 아직도 라파엘라를 온전히 잊지 못한 상태고, 잭은 엄마를 충분히 기억하지 못한다. 그들은 따라서 라파엘라에 관한 기억의 공통분모를 가지고 있지 못하다. 그들을 갈라놓은 급작스럽고 끔찍한 죽음의 기억만이 흉중에 남아 있을 뿐이다. 따라서 라파엘라를 매개로 그들이 속내를 터놓는 장면은 〈메이드 인 이태리〉에서 가장 강렬하다.

20년 전 사건으로 서먹서먹해진 아버지와 아들이 조금씩 거리를 좁혀가도록 인도하는 토스카나의 자연풍광. 하루 이틀 시간과 더불어 그들은 각자의 방식에서 서서히 물러선다. 아버지의 생각을 넘겨짚는 잭과 자신의 일방적인 판단으로 아들의 유년기를 차단해버린 로버트. 거기서 발원한 20년 세월의 거리를 찬찬히 메워나가는 자연의 아들들.

나탈리아와 잭

5년 동안 식당을 손보고 고쳐서 지금의 깔끔한 모습으로 가꿔낸 당찬 여성 나탈리아. 여덟 살짜리 딸 안나를 포함한 모든 것을 전남편에게 빼앗긴 여인. 그녀의 식당 앞을 지나가다 인연을 맺게 되는 잭. 나탈리아는 기막힌 리조토로 잭을 매료시키고, 잭과 유사한 상황을 경험함으로써 상대의 마음을 충분히 이해하는 상태다.

나탈리아는 잭과 로버트의 비틀어진 부자 관계를 이어주는 가교(架橋)이기도 하다. 그들이 서로에게 대놓고 하지 못하는 가슴속 깊은

말을 간접적으로 전달하는 나탈리아. 20년이나 방치돼 있던 로버트와 잭의 고풍스러운 집을 수리하는데 일조하는 나탈리아. 로버트와 잭을 모두 행복하게 인도하는 사랑스러운 여인 나탈리아.

어느 날 잭이 길에서 작은 꽃 한 송이를 꺾어 나탈리아를 찾는다. 쓸쓸한 표정으로 이내 돌아서는 잭. 전남편과 함께 유쾌하고 행복한 시간을 보내는 그녀. 그들의 관계가 토스카나에서 어떻게 흘러갈지 궁금하다. 홀로서기에 성공하여 제 길을 가고 있는 나탈리아와 이제야 그 길에 홀로 들어서려는 잭의 미래는 어떤 것일까?!

영화의 힘과 미덕

아버지 로버트처럼 화가의 재능은 타고나지 못했지만, 미술관의 관리 책임자이자 미술품을 보는 안목은 남달리 탁월한 잭. 그는 런던이 아니라, 아지아노에 있는 미술관을 가지고자 한다. 잭은 그곳에서 로버트의 대표작들을 가지고 첫 번째 전시회를 열 모양이다. 아무런 갈등과 상처도 없던 잭과 나탈리아의 관계도 다시 시작될 것 같기도 하다.

라파엘라의 상실을 견디다 못한 로버트의 격정 토로의 결과물인 그림을 흉하다고 비난했던 중개인 케이트. 로버트와 케이트의 관계도 객석을 따사롭게 한다. 깊고 너른 상실로 괴로웠던 두 사람을 이어주는 미래의 유대와 공감. 로버트는 다시 그림을 그릴 요량이다.

화면 가득 유화물감을 뒤섞는 로버트의 붓질이 힘차고 상큼하다.

영화가 끝난 다음 가슴에 밀려드는 따사롭고 훈훈한 기운에 절로 미소가 생겨난다. 그래, 저렇게 만들어도 한 편의 영화가 되는군! 굳이 장르의 속성에 투철한 영화 '다운' 영화가 아닌 〈메이드 인 이태리〉. 우리의 냉담하게 굳어지고, 꼬이고 비틀린 영혼을 매만져주고 위로하는 〈메이드 인 이태리〉는 아름답고 풍요로운 작품이다.

그래서 다시 생각한다. 코로나19가 가져다준 다채롭고 풍성한 영화 세계가 얼마나 커다란 축복인지를! 세계적으로 유행한 코로나 덕에 고요하고 평온하게 누릴 수 있는 자연의 위로와 인간들의 화해는 얼마나 넉넉한가! 기막힌 상상력과 폭력, 자의적이고 맹목적이며 부자연스러운 작위와 산뜻하게 작별한 〈메이드 인 이태리〉를 찬미한다.

끝없음에 관하여

감독 로이 앤더슨

장르 드라마

출연 마틴 지에벨

개봉 2021. 12. 16.

당신이 알아서 해석하라고?!
〈끝없음에 관하여〉

-

    우리가 영화관에 가는 이유는 여러 가지다. 하지만 영화에 거는 기대는 같다. 재미있되 뭔가 여운을 남기는 영화 아닐까. 오락과 교훈이라는 오래된 미학적 규범에 충실한 영화를 기대한다. 그래서 모든 영화는 일정한 영화문법을 지향한다. 긴장과 이완, 빠름과 느림, 잔치와 파장, 대결과 화해처럼 대척적인 상황의 조합과 해소를 배치한다.

    로이 앤더슨 감독의 〈끝없음에 관하여〉는 이런 고답적인 문법을 박살낸다. 뭐, 이런 영화가 다 있어, 하는 볼멘소리가 절로 나온다. 76분 동안 30가지의 장면이 등장한다. 각각의 장면은 독립적이며, 상호 연결고리도 아주 느슨하다. 두어 가지 사건과 인물이 서로 겹칠 뿐, 나머지 장면들은 따로 존재한다. 조각 그림을 맞추는 것 같다.

    반면에 아무 연관도 없어 보이는 장면들도 나름의 시작과 중간 그리고 끝을 가진다. 설령 그것이 열린 결말이라 하더라도. 또한 인과율로 엮이지는 않지만, 장면들 사이에는 무엇인가 친연성이 있는 듯하다. 그것이 인간과 세상에 대해 감독이 전하고자 하는 주제다. 21세기 세상과 인간의 삶은 어떻게 흘러가고 있는지, 생각해보라는 것이다.

믿음을 잃은 신부 이야기

육중한 십자가를 지고 비틀거리며 걷는 초로의 사내에게 채찍질이 날아온다. 가시 면류관을 쓴 채 가까스로 걸음을 옮기는 사내. 분노한 군중의 고함이 터져 나온다.

"쓰레기 같은 놈아! 일어나! 십자가에 묶어!"

로마 병사들의 잔인하고 끈질긴 채찍을 맞으며 골고타 언덕을 힘겹게 걸어 올라가는 예수의 현대판 변용이다. 꿈의 주인공은 신부다. 그는 날마다 같은 꿈을 꾼다. 신을 향한 믿음을 잃어버린 날부터 신부는 계속해서 똑같은 꿈에 시달린다. 견디다 못한 그가 정신과 전문의 린드 박사를 찾는다. 망연한 표정으로 의사가 되묻는다.

"신은 없는 게 아닐까요?!"

21세기 인공지능 로봇이 활보하는 기술과학의 전성기에 인류에게 신이 필요한지, 신에게 정말 인간은 의지하고 있는지, 당신의 믿음은 안전한지 묻는 듯하다. 20세기가 여명을 밝히려는 순간에 우리의 자랑스러운 철학자 니체는 '신이 죽었음'을 선언했다. 그런데 이런 시간대에 감독은 또다시 낡고 고답적인 질문을 던진다. 신은 어디에 있는가!

그래도 사랑만은?!

특수한 전쟁영화를 제외하면 사랑이 없는 영화는 없다. 사랑이야말로 인간을 인간답게 하는 필수적인 요소이기 때문이다. <끝없음에 관하여>에서도 사랑은 있다.

이슬람 신도로 보이는 중년 사내가 손에 피 묻은 칼을 든 채 구

슬프게 울고 있다. 그의 무릎에는 배가 피로 범벅된 채 죽은 젊은 여성이 누워있다. 살인자가 피살자를 향해 끝 모를 애통함을 전달하는 기묘하고 기막힌 장면. 무엇인가, 이것은?!

"가족의 명예를 지키기 위해서 명예 살인을 했어!"

이슬람 율법에 따라 배신자로 지목된 딸을 스스로 처단해야 했던 아비의 괴로움이 극명하게 드러난다. 감독이 묻는다. 언제까지 이런 살인이 종교와 관습과 가족의 이름으로 계속되어야 하는가?! 누구를 위한 명예이고 살인인가?! 아직도 사랑은 종교와 계율에 종속된 부차적인 가치이자 덕목이며, 사랑은 상위 가치의 부속물에 불과한가?!

여행 가방을 들고 정거장에 내린 여성이 낙심한 얼굴이다. 아무도 기다리지 않는 정거장 벤치에 홀로 앉는 그녀. 어디선가 사내가 발걸

음을 서두르며 그녀에게 다가온다. 장난을 치다가 이윽고 포옹과 키스를 나누는 그들. 나란히 걸어가는 그들 어깨 위로 따사로운 햇살과 하늘의 표정이 화사하다. 구원의 빛처럼 홀연히 나타난 사랑!

누구를 위한 전쟁이며 학살인가?!

〈끝없음에 관하여〉에서 감독이 들여다보는 치명적인 현상은 전쟁이다. 신석기혁명 이후 인류가 고안해낸 국가가 등장한 이래 전쟁은 한시도 인류 곁을 떠난 적이 없다. 더욱이 인간이 맞닥뜨린 전쟁 가운데 가장 참혹한 대규모 전쟁은 2차 세계대전이다. 전쟁의 주역이자 도발자는 당연히 아돌프 히틀러고, 따라서 그는 영화에 필수적인 인물이다.

지하 벙커에서 히틀러의 부하들이 술에 취한 듯, 마약에 취한 듯 허우적거린다. 부관을 대동한 히틀러가 초점 없는 눈길로 합류한다. 포성이 들리는 벙커 여기저기서 흙더미가 무너져내리고 있어서 엄중한 상황을 명시적으로 보여준다.

"세상을 정복하려 했으나, 실패할 걸 알았던 남자!"

다른 장면이 전쟁의 참화를 단적으로 웅변한다. 눈보라가 휘몰아치는 평원에 몇몇 보초병들의 감시 아래 수많은 포로가 꼬리에 꼬리를 물고 걸음을 재촉한다. 그들의 얼굴과 표정은 보이지 않는다. 다만 그들의 발걸음과 군복 상태로 보건대 지치고 병약한 상황이 역력하다. 전쟁 포로들의 최후 행선지(行先地)는 '시베리아 포로수용소'다.

몇몇 인간의 탐욕과 분노, 어리석음으로 인해 연면 부절(不絶)하게 이어지고 되풀이되는 무의미한 살육과 전쟁을 고발하는 명장면이다. 올해 78세인 노감독 로이 앤더슨은 명쾌하게 주장한다. 이제야말로 우리는 전쟁과 살육을 멈춰야 할 때다!

구원은 어디서 오는가?!

불신, 사랑, 전쟁, 죽음 같은 문제는 인류와 언제나 동행이다. 영화 제목이 〈끝없음에 관하여〉인 까닭은 그래서다. 생로병사의 순환에 갇혀버린 인간의 역사를 돌이키면 반드시 마주하게 되어 있는 풀수 없는 난제. 하지만 여기서 멈춘다면 너무 절망스럽다. 앤더슨 감독은 마지막 출구를 열어 놓았다. 판도라의 상자에 마지막 남은 '희망'처럼!

흐름이 멈춰버린 듯한 강에 철교가 부러져 있고, 거대한 성당이 잿빛 하늘 아래 우뚝하다. 폐허가 된 도시의 잔해가 흉물스럽게 모습을 드러낸 하늘을 두 남녀가 날고 있다. 서로에게 깊게 의지하고 몸을 어루만지며 선량한 얼굴의 그들. 연인처럼 보이는 그들에게 서둘거나 초조한 기색은 없다. 살아있는 그들 덕분에 구원이 생겨난다.

늦가을의 저녁나절 황량한 벌판에 삐뚤빼뚤 포도(鋪道)가 나 있다. 승용차 한 대가 길가에 멈춰 있다. 고장 난 것이다. 몇 차례 시동을 걸려던 사내가 차 밖으로 나온다. 누렇게 시든 풀과 무겁게 내려앉은 하늘, 멀리서 철새들이 날아가며 우는 소리 들린다. 낙심한 표정의 사내는 보닛을 열고 이것저것 손을 본다. 그가 화면 밖 우리를 본다.

여기서 당신은 무엇을 읽는가, 하고 감독이 묻는다. 절망을 읽는다면 절망이 그대와 함께할 것이다. 희망을 보고 있다면, 희망은 당신 곁에 자리할 것이다. 감독은 그렇게 말하는 듯하다. 세상은 언제나 우리가 감촉하고 바라는 모양대로 진행돼왔기 때문이다. 구원은 언제나 인간의 가장 깊고 은밀한 곳에 성스럽게 감춰져 있었기에.

드라이브 마이 카

감독	하마구치 류스케
장르	드라마
출연	니시지마 히데토시, 미우라 토코
개봉	2021. 12. 23.

'상실의 시대'와 인간을 위로하는 영화
〈드라이브 마이 카〉

-

1895년 뤼미에르 형제가 처음 선보인 영화가 등장한 후 상당수 문학작품이 영화로 제작된다. 기록에 따르면 지금까지 만들어진 영화의 30% 정도가 문학, 특히 소설에 뿌리를 두고 있다. 예술적으로 혹은 상업적으로 성공한 소설의 80%가 영화화되었다. 빅토르 위고의 〈레미제라블〉은 62회 영화로 제작되어 이 부문 신기록을 가지고 있다.

지난 세기말부터 지금까지 한국 독자를 매료하는 대표적인 작가는 무라카미 하루키일 것이다. 1987년 일본에서 출간된 〈상실의 시대: 노르웨이의 숲〉은 1990년대 후반 한국의 청년들을 격동시킨 대표작이다. 하마구치 류스케의 〈드라이브 마이 카〉는 2014년 출간된 하루키의 단편집 〈여자 없는 남자들〉에 수록된 동명의 단편소설 각색이다.

〈드라이브 마이 카〉는 2021년 칸영화제에서 각본상을 받았고, 뉴욕의 '고담 어워즈'에서 외국어영화상을 수상했다. 흥미로운 점은 하마구치 류스케 감독이 각본을 쓰고, 구로사와 기요시 감독이 연출한 〈스파이의 아내〉가 2020년 베네치아 영화제에서 감독상을 받았다는 사실이다. 하마구치 감독의 글쓰기가 출중하다는 확실한 증거다.

상실에 관하여 - 가후쿠

연극배우이자 연출가로 명성이 높은 가후쿠(家福)는 아내 오토(音)를 끔찍이 사랑한다. 그들의 육체는 곧잘 향연에 빠져들고, 절정의 시간에 오토는 기막힌 드라마 대사를 쏟아낸다. 교미가 끝난 암버마

재비가 수컷을 잡아먹고 번식률을 끌어올리는 양상과 흡사하다. 그런 어느 날 예기치 못한 상황과 장소에서 가후쿠는 아내의 외도를 목격한다.

당신 같으면 어떻게 하겠는가?! 가후쿠의 선택은 뜻밖이다. 우리가 상상할 수 있는 장면과 거리가 멀기 때문이다. 그들의 일상은 순탄하고 여일(餘日)하게 굴러간다. 문득 오토가 진지한 얼굴로 '이따가 얘기 좀 하자'는 말을 건넨다. 가후쿠는 일부러 아주 늦은 시각에 귀가한다. 쓰러져 있는 오토를 흔들어 깨우며 구급차를 부르는 가후쿠.

세월이 흐르고 가후쿠는 히로시마 연극제에 초빙되어 안톤 체호프의 희곡 〈바냐 외삼촌〉 연출을 맡는다. 두 달의 시간을 허여받은 가후쿠는 서둘지 않고 배역을 위한 오디션을 진행한다. 거기서 아내의 드라마에 출연한 다카츠키를 만나는 가후쿠. 그는 전도유망한 배우로 아스트로프 배역을 희망한다. 가후쿠는 그에게 바냐 배역을 맡긴다.

〈드라이브 마이 카〉는 가후쿠의 '바냐' 배역 낭송과 오토의 여타 배역 낭송이 시도 때도 없이 흘러나오면서 진행된다. 25년 세월 세레브랴코프 교수에게 바쳐진 바냐의 허망한 세월의 상실과 엘레나를 꿈꾸는 불가능한 사랑의 미련. 기실 그 배역은 언제나 가후쿠의 몫이었다. 하지만 지금의 가후쿠는 바냐 배역을 소화할 자신이 전혀 없다.

또 다른 상실 - 미사키

　가후쿠는 15년 된 사브 승용차를 몰고 다닌다. 히로시마 연극제 당국은 연출가에게 전속 기사를 배정하는 관례가 있다. 모자를 푹 눌러쓰고 무표정한 얼굴에 운동화 차림의 젊은 여성 미사키가 가후쿠 앞에 모습을 드러낸다. 말수 적은 미사키가 능숙하게 차를 운전한다. 차를 탈 때마다 〈바냐 외삼촌〉 카세트테이프를 켜달라는 가후쿠.

　미사키도 상실의 고통을 삭이고 있다. 북해도 고향마을에 일어난 사고로 엄마를 잃은 미사키. 그런 내색을 하지 않던 그녀가 가후쿠에게 마음을 열어가는 까닭은 〈바냐 외삼촌〉 대본 때문이다. 이루지 못할 사랑에 속을 태우다 끝내 절망하는 24살의 소녀가 47살의 중년 외삼촌을 위로한다. 죽음 이후의 평안과 휴식을 말하며 바냐를 위로

하는 소냐.

어린 미사키를 학대하고, 다시 어루만지며 미사키를 달랬던 이중 인격적인 모순성을 적나라하게 드러냈던 엄마를 향한 복합감정 병존. 하나의 목소리는 엄마를 구해야 해, 다른 목소리는 그냥 놔둬! 엄마의 분열된 인격처럼 미사키의 내부세계 또한 쪼개져서 싸웠던 시절. 그런 고향과 상실의 시간과 작별하고 히로시마에서 쓸쓸히 살아가는 미사키.

> "난 엄마를 살릴 수도 있었어요. 어쩌면 내가 엄마를 죽인 건지도 몰라요!"
> "넌 엄마를 죽이지도 않았지만, 살리지도 않았어."
> "아내가 다른 남자들의 사랑을 갈구한 분이었다는 걸 인정하면안 되나요?"
> "난 아내를 잃고 싶지 않았어. 두려웠던 거지."

연극과 영화 - 기다림에 관하여

사무엘 베케트의 〈고도를 기다리며〉 무대가 영화의 객석에 펼쳐진다. 우리는 블라디미르와 에스트라공이 기다리는 고도(Godot)의 실체를 알지 못한다. 왜 그들이 고도를 기다리는지, 언제 고도가 올 것인지, 진짜로 고도가 올 것인지조차 모른다. 그저 우리도 그들처럼 고도를 기다리고 있을 따름이다. 그래서 우리는 더욱 절실해진다.

부조리극의 대명사로 불리는 〈고도를 기다리며〉 공연은 지식인을 위한 연극이 아니다. 식자들은 하나같이 베케트가 전하고자 했던 주제 의식을 이해하지 못했다. 지식분자들이 베르톨트 브레히트의 서사연극 〈억척 어멈과 그 자식들〉의 이야기를 이해하지 못한 것과 같다. 부조리극이든 서사연극이든 핵심은 가슴으로 받아들이는 것이다.

문제는 지식인들이 얄팍한 인간 이성의 잣대로 작가의 문제 제기를 가늠하고 이해하려 했던 어리석은 자세다. 등장인물들의 상실과 기다림은 지식인 관객의 차가운 심금이나 명료한 의식을 일깨우지 못했다고 전한다. 반면에 감옥이나 수용소의 무식하고 허랑방탕한 관객은 '고도'에 열광하고, 서사연극의 본질을 어렵지 않게 통찰했다 한다.

가후쿠와 미사키는 끈질기게 기다리고 기다렸다. 그들을 괴롭히는 수수께끼가 해명될 때까지 최대한 인내한다. 누구도 해명할 수 없을 것 같은 상실의 봉인을 서로가 조금씩 뜯어내면서 각자의 상처를 드러내고 위로하면서 기나긴 여정에 오른다. 히로시마에서 북해도에 이르는 일본 열도를 관통하면서 흐느끼듯 길을 달리는 사브 자동차.

독특한 서사형식의 영화

더러는 연극무대 같은 장면이, 더러는 생동감 넘치는 영화 장르의 속성이, 때로는 심리 소설의 깊은 통찰을 담은 영화 〈드라이브 마이 카〉. 그래서일까. 179분의 상영시간은 금방 지나간다. 스릴러나 기막힌 반전이나 거대한 전환이나 놀라운 장면 하나 없이 3시간을 이어가는 강력한 서사의 힘이 느껴지는 영화 〈드라이브 마이 카〉.

〈바냐 외삼촌〉 공연은 일본 현대연극의 진척 양상 가운데 일부를 영화로 보여준다. 일본과 한국, 대만의 배우들뿐 아니라, 수어(手語)로 의사를 전달해야 하는 장애인 배우까지 등장하는 〈바냐 외삼촌〉. 일본어, 한국어, 중국어, 영어, 수어가 동원되는 다국적 언어와 의사소통은 21세기 세계의 좁지만 복잡다단한 양상을 가감 없이 보여준다.

하지만 〈바냐 외삼촌〉에서 체호프가 전달하는 본령은 의사소통의 불가능성이나 인간적인 유대의 지속적인 단절과 그것의 불가능한 결합이다. 그들은 나름의 방식으로 길을 떠나 유령처럼 길을 떠돈다. 가후쿠가 바냐 배역을 못 맡겠다는 대목은 인상적이다.

"바냐를 연기하면 내 안에 자리하고 있는 바냐가 자꾸만 끌려 나와!"

쓰라린 상실과 돌이킬 수 없는 인연과 관계, 소멸한 시간과 청춘, 영원히 사라진 꿈으로 무너져버린 인간 바냐의 자화상이 가후쿠 자신과 겹치는 것이다. 그런 바냐(가후쿠)를 장애인 연기자가 수어로 위로하고 천상의 구원을 설파하는 장면은 아름답고 숭고하다. 〈드라이브 마이 카〉는 다채로운 서사 형식으로 21세기 대중을 위로하는 영화다.

해탄적일천

감독	에드워드 양
장르	드라마
출연	실비아 창, 호인몽
개봉	2022. 1. 6.

대만판 〈사랑과 전쟁〉인가, 시대의 선구인가?!
〈해탄적일천〉

-

오래된 대만 영화가 개봉되었다. 1983년 양덕창 (에드워드 양) 감독이 연출한 〈해탄적일천〉이 그것이다. 만들어진 지 근 40년 만에 한국에서 관객과 만났으니 이상한 일이다. 중국과 수교하기 전이고, 전두환 일당의 미끈한 문화정책이 빛을 발하던 때 아닌가! 1983년이면 프로야구, 씨름, 바둑 같은 오락이 우후죽순처럼 쏟아져 나왔던 시절이다.

천연색텔레비전 보급과 통금 해제 그리고 '3S 정책'으로 유화 국면을 선보이며 학원 자율화를 목전에 둔 시점에 평범해 뵈는 대만 영화가 수입되지 않았으니 이상한 일이다. 아는 게 많은 몇몇 평론가들은 영화에 담긴 '가부장제' 비판을 이유로 들기도 하지만, 아무리 봐도 감독의 초점은 가부장제 비판이 아니라, 인간의 운명과 선택에 무게가 실린다.

반대로 이런 생각이 들기도 한다. 만약 1983년 혹은 그 무렵에
〈해탄적일천〉이 수입되었다면 어땠을까?! 흥행도 미미하고, 언론의
주목도 받지 못하고 서둘러 종영되지 않았을까?! 우리와 비슷한 식
민지 경험과 전체주의, 군사문화와 각종 금지조치가 일상화된 나라
대만의 1980년대 선진적인 의식을 담은 영화가 한국 관객의 사랑을
받기 어려웠을 법하다.

정략결혼

자썬과 웨이칭은 대만의 명문대학에서 의학과 피아노를 전공하
는 청춘남녀다. 말은 하지 않았지만, 그들은 앞날을 약속한 연인이
다. 자썬의 여동생 자리는 고3 시절부터 그들과 함께한다. 지방 도시

의 의사를 아버지를 둔 자썬과 자리는 방학이면 타이베이를 떠나 고향으로 향한다. 정거장에서 그들을 전송하는 웨이칭의 표정은 부럽고도 쓸쓸하다.

자썬이 의대를 졸업할 무렵 자썬의 부친은 아들에게 적절한 혼처를 말하고 결혼을 종용한다. 한 마디로 정략결혼이다. 장성한 아들에게 사랑하는 여인이 있지만, 완고한 아버지는 그걸 전혀 존중하지 않는다. 아버지 앞에 무릎 꿇은 자썬과 그 옆에 산산조각이 난 재떨이가 많은 것을 말해준다. 아버지를 향한 존경과 두려움에 휩싸여 살아온 청년 자썬.

무너진 관계로 인한 정신적-육체적 파탄을 극복하려는 웨이칭의 노력은 객석에 전해지지 않는다. 그녀를 찾아간 자리가 집 앞에서 번번이 허탕 치는 것으로 짐작할 수 있을 따름이다. 정략결혼으로 아이 아버지가 되고, 아버지 병원을 함께 경영하는 자썬. 그리고 무

려 13년 만에 뛰어난 피아노 연주자로 귀국한 웨이칭. 그녀에게 전화가 걸려온다.

도주와 결혼

두 사람의 오랜 동반자이자 관찰자인 자리가 어느 날 자썬에게 묻는다.

"오빠는 지금 행복해?!"

곧바로 대답하지 못하고 이리저리 말을 돌리는 자썬. 거기에 함축된 의미는 나처럼 살지 말라는 것으로 들린다. 비가 억수로 쏟아지던 칠흑 같은 밤, 자리가 커다란 가방을 들고 부모가 잠자는 방을 도둑고양이처럼 소리 없이 지나 마당에 내려선다. 머리를 손수건으로 묶고 대문 밖으로 나서는 자리. 그녀가 향하는 곳은 타이베이다.

절친인 신신의 애인과 함께 온 숙맥 같은 사내 더웨이가 그녀의 목적지다. 선량하고 용기 없지만 맑고 수더분한 남자 더웨이. 그들이 집단 결혼식에 참석하는 장면은 인상적이다. 높은 연단 위에 초로의 사내가 권위적으로 앉아 있다. 그자 앞에 어정쩡하지만 다소곳한 자세로 서는 두 사람. 자리가 더웨이의 손을 꼭 쥔다. '너는 내 사람이야!'

그들의 삶은 사랑과 행복으로 가득해야 하리라. 결혼 3주년 기념일

밤이 깊어가도록 더웨이에게는 아무런 연락도 없다. 날마다 만취 혹은 외박이 잦아지며 대화마저 단절되는 자리와 더웨이. 자리의 외로움이 깊어가고, 더웨이의 불평과 불만이 하늘을 찌른다. 그 사이를 뚫고 들어오는 날카로운 시선의 거래처 여인. 그들은 어찌 될 것인가?!

남자를 자주 바꾸는 신신에게 속내를 털어놓는 자리의 하소연은 안타깝다.

> "소설이나 영화에서는 행복한 결말만 보여주지, 결혼하고 나서
> 생겨나는 문제를 어떻게 해야 하는지는 알려주지 않아. 나는
> 앞으로 어떻게 해야 할지 모르겠어!"

〈해탄적일천〉은 결혼은 어느 것이든 파탄과 파경을 전제한다고 주장하는 것 같다. 문제는 그런 난제를 해결할 방도가 마땅치 않다는 자명한 사실이다.

자썬과 자리의 부모

자썬이 예닐곱, 자리가 서너 살 되었을 때 아버지가 그들을 호출한다. 거실 소파에 앉아 전축으로 유럽의 고전음악을 틀어놓고 자신 앞에 아들딸을 앉도록 하는 부친. 그는 여유롭고 당당하게 두 눈을 감고 음악을 감상한다. 벌을 받는 아이처럼 어쩔 줄 모르는 자썬과

그들 사이에서 어색한 표정과 몸짓으로 일관하는 자리의 투명하고 커다란 눈.

어느 고요한 대낮에 간호사의 몸을 더듬는 아버지와 그것을 우연히 보게 되는 자리. 다시 그녀의 눈에 띈 부모와 간호사. 눈물 바람의 간호사에게 돈 봉투를 건네고 달래는 어머니. 어린 자리의 눈에 비친 아버지의 이중성과 어머니의 무력감 혹은 무용한 헌신성이 그녀의 당찬 내면세계와 야반도주의 의지를 형성한 원동력이었는지도 모르겠다.

1980년대를 살아간 대만의 숱한 이중적이고 위선적인 아버지들과 그들을 감싸고 돌아야 했던 숱한 어머니들의 고단한 인생살이가 〈해탄적일천〉에 가득 담겨 있다. 영화에서 낯설게 다가온 지점은 파경 직전의 자리가 어머니와 대화하는 장면이다.

"엄마는 아빠한테 보호받지 못할까 봐 두려웠죠?!"
"네 아버지는 어린애 같아서 내가 보살펴야 했단다."

우리에게 영화가 남긴 것은?!

166분짜리 영화를 보는 것은 상당한 고역일 수 있다. 그것도 싸구려 텔레비전 드라마 냄새가 물씬 풍기는 한물간 외국영화를 보는 일은 더욱 그렇다. 그런데 제목도 낯선 〈해탄적일천〉은 전혀 다른 감상

으로 다가오는 것이었다. 〈그날 해변에서〉라는 영어 제목이 훨씬 편하게 다가오는 이 영화가 상당히 많은 것을 던져주기 때문이다.

사랑과 이별, 정략결혼과 자유결혼, 사랑의 유효기간, 행복의 조건, 부부관계, 부모 자식 관계, 시대와 환경의 변화, 그리고 무엇보다 우리 시대의 여성과 여성의 선택 같은 문제가 실감 나게 다가온다. 사랑과 결혼 그리고 행복이라는 지극히 고전적인 문제를 아주 느긋한 표정과 속도로 차근차근 짚어가는 양덕창 감독의 연출은 놀라운 것이다.

〈사랑과 전쟁〉의 시청자에게 낯설지 않은 영화의 울림은 크고도 깊다. 그래서인지 〈해탄적일천〉이 제시하는 문제가 언제 해결될 것인지 궁금하다. 인공지능 로봇과 컴퓨터 칩의 내장 시기가 오면 사피엔스는 사랑과 결혼으로 괴로워하지 않게 될까. 늦게 개봉되어 외려 시대를 앞선 감각을 갖추게 된 영화 〈해탄적일천〉의 현대성에 박수를 보낸다.

원 세컨드

감독	장예모
장르	드라마
출연	장역, 범위, 류 하오춘
개봉	2022. 1. 27.

거장 장예모의 귀환을 어떻게 볼 것인가?!
〈원 세컨드〉

-

문화대혁명과 장예모

1966년부터 만 10년 동안 중국을 휩쓴 문화대혁명의 광기(狂氣)는 1976년 9월 9일 모택동의 사망과 10월 6일 4인방의 체포로 종언을 고한다. 중국의 영화 인재를 길러내던 북경 영화학교도 1966년 폐교되었다가 1978년 다시 문을 연다. 그때 영화학교에 입학하여 1982년도에 졸업한 일군의 영화감독을 가리켜 5세대 감독이라 부른다.

(1949년 10월 1일 개국한 중국 인민공화국 이전에 활동한 감독을 1세대, 1949년부터 1965년까지 영화를 찍은 감독을 2-3세대, 1966-76년까지 영화를 공부했지만, 제대로 영화를 찍지 못하고, 그 후에 영화를 찍을 수 있던 사람들을 4세대 감독이라 일컫는다.)

진개가(陳凱歌)와 장예모(張藝謀)가 대표하는 5세대 감독의 의미 있는 첫 번째 영화는 진개가가 1982년 연출한 〈황토지〉다. 〈황토지〉는 문화대혁명 이후 최초로 해외에서 찬사와 주목을 받았던 중국 영화다. 〈황토지〉는 1984년 로카르노 영화제에서 은사자상을 수상함으로써 유럽 영화계에 제5세대 영화의 작가주의를 예고한 셈이다.

〈황토지〉의 촬영감독으로 영화 인생을 시작한 장예모는 1988년 〈붉은 수수밭〉으로 베를린 영화제 황금곰상을 받아 세계적인 감독으로 인정받는다. 1992년 〈귀주 이야기〉로 베네치아 영화제 황금사자상, 1994년 〈인생〉으로 칸 영화제 황금종려상을 수상한다. 1999년 〈책상 서랍 속의 동화〉로 그는 베네치아 영화제 황금사자상을 다시 받는다.

장예모의 변신

장자이(章子怡)를 등장시킨 〈집으로 가는 길〉(1999)은 대작 〈타이타닉〉(1998)을 무색(無色)케 하는 순애보로 심금을 울린다. 장예모는 이 놀라운 영화에도 현대 중국의 비극적인 사건인 '대약진운동'을 부설한다. 눈이 밝고 신중한 관객만 포착할 수 있지만, 맑고 지극한 사랑을 헤살놓은 시대의 어두운 그림자를 매설해놓은 그의 역량은 대단하다.

장예모가 세계 3대 영화제를 석권하여 1990년대를 풍미한 주인공으로 등극한 것은 현대 중국의 복잡다단한 사회-정치문제의 천착이 바탕이다. 하지만 2002년 〈영웅〉을 기점으로 그의 영화 세계는 일대 변모를 경험한다. 국가주의, 대국주의, 천하주의로 무장한 그는 2008년 북경 올림픽의 예술 총감독으로 기용됨으로써 어용 논란을 낳는다.

그가 연출한 영화 〈연인〉(2004), 〈천리주단기〉(2006), 〈황후화〉(2007) 등도 서서히 관객의 뇌리에서 사라져간다. 화려한 색감과 고혹적인 줄거리 전개에도 관객은 거장의 작품과 거리를 두게 된 것이다. 이후 장예모는 남경대학살로 주제를 전환한다. 2013년에 개봉된 〈금릉의 13 소녀〉가 그것이다. 중국인들의 잠든 애국혼을 일깨운 것이다.

장예모는 2014년 〈5일의 마중〉으로 다시 현대 중국사로 귀환한다. 문화대혁명을 배경으로 하여 부부의 애틋한 사랑을 담은 〈5일의 마중〉은 매달 5일 정거장에서 남편을 기다리는 아내의 이야기를 그려낸다. 격변의 세월 속에서 남편을 알아보지 못하게 된 여인의 한을 담은 영화 〈5일의 마중〉. 그렇게 장예모는 다시 문화대혁명과 대면한다.

〈원 세컨드〉의 시간과 공간

1초라는 뜻을 가진 제목 〈원 세컨드〉는 영화의 속성을 적실하게 잡아낸다. 영사기 렌즈가 포착하는 찰나의 순간이 모여 만들어내는 1초의 시간이 생의 본질을 현현한다. 1974년 문화대혁명이 끝날 조짐조차 보이지 않는 중국 북부의 내몽고 자치구가 영화의 시공간이다. 고비 사막이 끝없이 펼쳐지고, 거기서도 사람은 삶의 질긴 끈을 이어간다.

딸이 영화에 나온다는 소식을 듣고 어떻게든 영화를 보려는 인간 장주성. 모자를 꾹 눌러쓰고, 추레한 입성의 장주성이지만, 눈빛만큼은 형형하고 깊다. 그런 그에게 영화필름을 도둑질하다가 발각당하는 처녀 류가녀. 필름이 들어있는 통을 두고 두 사람이 벌이는 쫓고 쫓기는 추격전이 사막과 비포장도로와 거리 곳곳에서 전개된다.

그들을 이어주는 인물이 마을에서 영화 상영을 도맡고 있는 기사 판영화다. 대단한 자부심과 사명감을 가지고 영화를 틀어주는 판영화. 한 달에 한 번 상영되는 영화를 보려고 마을 사람들은 축제일처럼 장사진을 이루고 몰려든다. 거기서 사건이 벌어지면서 관객은 50년 전 과거로 소환되어 끌려간다. 아, 저 때는 저랬구나, 하면서!

딸과 동생 그리고 아들

장주성은 사연이 있는 인물이다. 사소한 싸움에 휘말려 옥살이
하게 된 주성. 어린 딸이 여덟 살 때 수감(收監)되어 지금은 열네 살이
되었으니, 어느새 6년 동안 그는 죄수로 살아온 셈이다. 딸이 눈에
밟힌 그는 단 1초를 위해 탈옥을 결심할 정도로 결기가 있는 인물이
기도 하다. 하지만 딸을 낳아준 여인과 그의 서사는 흔적도 없다.

불량한 사내아이를 연상시키는 류가녀는 부랑자처럼 거리를 떠
돈다. 승냥이나 들고양이를 연상케 하는 거친 모습의 류가녀. 그녀가
필름에 한사코 집착하는 까닭은 나이 차가 아주 많은 남동생의 소원
때문이다. 당시 크게 유행했던 전등갓의 재료가 영화필름으로 만들
어졌기 때문이다. 부모 없는 고아로 세상을 떠도는 류가녀.

어린 시절 잘못된 이후로 머리가 조금 모자란 인간으로 성장한

판영화의 아들. 그는 자신에게 맡겨진 영화필름을 제대로 건사하지 못하고 크게 훼손한 것도 모른 채 아버지를 찾아온다. 온갖 핀잔과 욕지거리에도 해맑게 웃는 아들에게 화조차 낼 수 없는 영화 기사. 이들 세 사람이 영화의 관계와 서사를 이끌어가는 중심인물이다.

문화대혁명과 영화

흥미로운 사실은 장주성의 딸이 어떻게 영화에 나온다는 것인지, 하는 문제다. 박정희-전두환-노태우 군사정권 시절 우리나라에는 자랑찬(!) 〈대한 늬우스〉가 있었다. 영화 시작 전에 애국가가 울려 퍼지면 모두 일어나서 화면 속 태극기를 보고 가슴에 손을 올렸다. 그 직후에 흘러나오는 〈대한 늬우스〉의 첫 번째 주인공은 언제나 '그들'이었다.

문화대혁명 시기에 상영된 영화 시작 전에 중국판 〈대한 늬우스〉의 주인공은 모택동이다. 환한 미소로 인민들의 자애로운 아버지를 몸소 연출한 모택동. 장주성의 딸은 그런 선전영화에서 딱 1초 동안 화면에 얼굴이 나온다. 그것을 보고 또 보고 다시 보는 장주성. 만날 수 없는 딸의 모습을 화면으로나마 확인하고자 하는 아버지.

〈원 세컨드〉가 감동적으로 다가오는 장면은 마을 주민들이 보여 주는 영화를 향한 놀라운 사랑과 경배다. 망가진 필름을 물로 정성스럽게 닦아내고 헝겊으로 닦고, 다시 부채질하여 말리는 장면은 그야말로 우상숭배가 따로 없다. 지난달에 본 영화를 다시 틀어도 절대 싫다 하지 않는 그들이야말로 세계 최고 수준의 영화광인 셈이다.

　모택동은 영화를 향한 인민들의 열망을 이용해 한편으로는 정권 유지에 활용하고, 다른 한편으로는 체제 유지에 써먹은 문예 정책의 대가다. 중일전쟁 시기 일제와 싸우는 영화를 보면서 마을 주민들이 애국주의 노래를 합창하는 장면은 많은 것을 떠올리게 한다. 영화는 축제이자 장날이지만, 동시에 민중의 영혼과 정신을 잠식하는 마약이다.

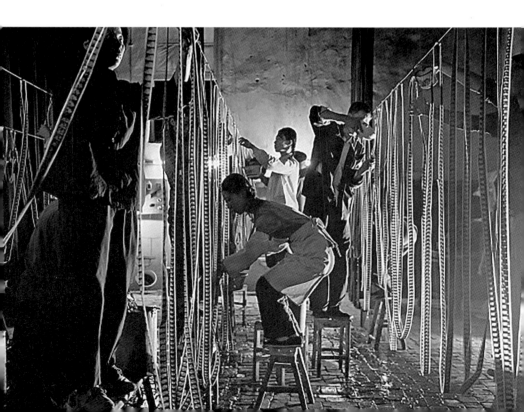

저 장쾌하고 부드러운 고비 사막을 어이하랴?!

　〈원 세컨드〉에서 우리는 촬영 전문가 장예모의 미의식을 확인한다. 초창기부터 일관되게 자신만의 놀라운 색감을 선보인 장예모. '스타일리스트'라 불리는 왕가위 감독의 감각적인 색(色)의 연출보다 담대하고 야성적인 색의 대가 장예모가 이번에는 '선(線)'으로 우리를 매료한다. 그것은 고비 사막의 춤추는 듯한 놀라운 선들의 유영으로 드러난다.

　사막은 부드럽게 물결치듯 이리저리 흐르고 굽이치며 때로는 물고기 비늘처럼, 때로는 공룡의 등처럼 때로는 잔잔한 바다의 물살처럼 그려진다. 태곳적부터 지금까지 아무런 일도 없다는 표정으로 바람과 하늘에 모든 것을 맡겨놓은 것 같은 고비 사막의 장관(壯觀) 속에서 잠시 부유하는 인간군상의 작은 이야기들이 조용히 펼쳐지는 것이다.

　그래서일까?! 영화가 끝날 듯하다가 사족(蛇足)처럼 2년 후의 장면을 그려내 보일 때 관객은 홀연히 깨우친다. 그래, 이 영화가 여기서 끝난다면 조금은 허망할 것이야! 문화대혁명의 소용돌이가 가뭇없이 스러지고, 대륙의 삶이 평온한 일상으로 돌아오는 시점에 우리는 장주성과 류가녀의 맑고 티 없는 얼굴을 사막과 대비해 바라볼 수 있다.

　고희(古稀)를 넘긴 나이에 현대 중국의 굴곡지고 어두운 역사와 정치를 가지고 돌아온 장예모의 영화 세계가 어떻게 전개될 것인지 궁금하다. 때마침 북경에서 동계 올림픽이 열리고, 숱한 판정시비가 불거지고, 문화공정으로 주변 국가들이 불편한 지금, 그가 중화 민족주의 같은 발등의 불을 어떻게 바라보고 대처할 것인지 알고 싶은 것이다.

어나더 라운드

감독	토마스 빈터베르그
장르	드라마
출연	매즈 미켈슨, 토머스 보 라센, 라르스 란데
개봉	2022. 1. 19.

0.05%의 알코올이 가져온 기적
〈어나더 라운드〉

-

"그 몹쓸 사회가 왜 술을 권하는고!" 빙허 현진건의 단편소설 〈술 권하는 사회〉(1921)는 아내의 장탄식으로 끝난다. 소설에서 빙허는 동경 유학생 출신의 선진적인 의식을 가진 남편과 낙후한 전근대의 봉건적인 아내의 대립을 그린다. 명예와 권력, 옳고 그름을 다투는 식민지 조선의 남루한 지식인 사회 때문에 괴로운 남편은 술꾼으로 전락한다.

밤마다 고주망태가 되어 돌아오는 남편을 견디다 못한 아내가 불평을 토로하자 남편은 부조리한 사회가 통음(痛飮)의 근원이라 말한다. 하지만 '사회'라는 말을 알지 못하는 아내는 남편을 전혀 이해하지 못한다. 같은 하늘을 이고 한 지붕 아래 살아가는 부부의 거리가 너무 멀다. 여기서 술은 불가능한 소통을 해소하기는커녕 악화하기에 이른다.

그런데 〈술 권하는 사회〉와 아주 딴판으로 술을 다룬 영화가 있다. 덴마크의 빈터베르크 감독이 연출한 〈어나더 라운드〉가 그것이다. 지금까지 12편의 영화를 연출했거나, 주연배우로 활약한 빈터베르크는 2013년 〈더 헌트〉에서 유치원생 여자아이의 새빨간 거짓말로 무참하게 무너지는 유치원 남자 교사와 가족 이야기를 서늘하게 연출한다.

영화 제목 〈어나더 라운드〉는 '한 순배(巡杯) 더'라는 뜻이다. 예전에 술꾼들이 주점에 둘러앉아 술잔을 채우고 주고받은 말이 '한 순배 더'다. 영화의 덴마크어 원제는 〈드루크 (Druk)〉로 그 의미는 만취나 폭음이라고 한다. 여하튼 이 영화는 북유럽에 있는 인구 580만의 작은 나라 덴마크의 음주 실태를 살펴볼 수 있는 좋은 자료이기도 하다.

알코올이 부족한 현대인?!

코펜하겐의 인문계 고등학교 교사 네 사람이 영화의 등장인물이다. 역사 교사 마르틴, 체육 교사 톰뮈, 음악 교사 페테르, 심리학 교사 니콜라이. 그들은 비슷한 또래이자 절친이다. 니콜라이의 마흔 번째 생일잔치에 그들은 레스토랑에 모인다. 그때 니콜라이가 노르웨이의 철학자이자 심리학자 스코르데루의 이론을 설명하면서 분위기를 주도한다.

"요즘 너희는 어때?! 현대인에게는 알코올 농도 0.05%가 부족하
대!"

그들 모두는 매너리즘에 빠져 있고, 학생들도 마지못해 수업에
응할 따름이다. 누가 먼저랄 것도 없이 그들은 즉시 0.05% 알코올 섭
취 실험에 착수한다. 그들이 세운 규칙은 간명하다. 24시간 알코올
농도 0.05%를 유지하되, 밤 8시 이후에는 술을 먹지 않는다는 것이
다. 아울러 그들은 술로 인한 일상의 변화를 모두 기록하고 함께 평
가하기로 한다.

이쯤 되면 영화가 말하려는 게 무엇인지 감이 올 것이다. 일상생
활에 미치는 음주 영향 보고서. 그렇다면 이 영화는 기록영화인가?!

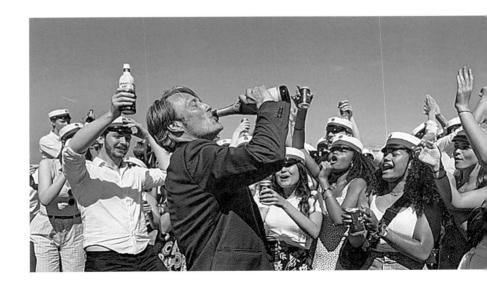

천만의 말씀이다. 덴마크가 자랑하는 국민배우 매즈 미켈슨이 역사 교사 마르틴 배역을 연기한다. "약간만 취하면 인생은 축제다"는 명제를 몸소 확인해 보려는 교사들의 좌충우돌 배꼽 잡는 이야기가 화면 가득하다.

0.05% 알코올의 영향

명확하지는 않으나 오래전부터 마르틴은 아내 아니카와 냉랭하게 지내며 가까스로 가정을 유지하고 있다. 학교에서 가장 지적이며 박사 후보자로 평가받던 때도 있었지만, 지금은 무기력하고 의기소침하기 이를 데 없다. 급기야 집중력도 떨어지고 일관된 내용도 없는 수업 때문에 그는 학부모들의 호출을 받아 자신을 변명하는 지경까지 이른다.

그런데 알코올 농도 0.05%를 유지하면서부터 그의 삶은 180도 달라지기 시작한다. 낯빛과 걸음걸이, 목소리와 자세 하나까지 모든 것이 일변한다. 자신만만한 태도와 다양한 자료로 학생들을 압도하면서 수업을 진행한다. 생기 없고 느슨하며 맹한 표정으로 일관했던 학생들이 마르틴을 대하는 자세 또한 급변하게 됨은 당연한 결과다.

그것은 학교생활에 국한하지 않는다. 남편과 대면하기 싫어 장기간 야근을 고집한 아니카에게 마르틴은 아이들을 데리고 카누를 타러 가자고 제안한다. 정말 오랜만에 함께하는 가족 나들이가 가져

온 환상적인 밤에 그들 부부는 하나가 된다. 이 모든 게 알코올 농도 0.05%가 불러일으킨 기적 같은 결과였다면 여러분은 믿을 수 있겠는가?!

알코올이 가져온 선물이 마르틴 한 사람에게 국한되었다면 얘기는 다르다. 하지만 알코올은 체육 교사 톰뮈의 잠자던 영혼과 육신을 깨운다. 활기차게 아이들을 지도하고 목소리를 높이는 톰뮈. 심드렁한 합창 연습 시간을 환상적인 감성과 환희의 순간으로 바꿔놓는 음악 교사 페테르. 졸고 있던 아이들의 내면세계를 일깨우는 니콜라이.

멈추지 않고 간다?!

이쯤, 하고 멈추면 얼마나 좋겠는가?! 교사도 학생도 아내도 자식들도 말이다. 하지만 그들 4인방 교사는 실험을 계속하기로 한다. 알코올 농도를 0.1%로 올리고, 다시 0.2%까지 올리면서 그들은 자신들을 대상으로 한 생체실험을 지속한다. 그 결과 영화관에는 웃음과 박장대소가 터져 나온다. 그 가운데 아주 흥미로운 장면 하나를 소개한다.

니콜라이의 아내 아말리에는 세 아이의 엄마다. 여기서 잠시 생각한다. 덴마크에는 아직도 아이를 셋이나 낳아 기르는 젊은 엄마가 있다는 사실이 정말 놀랍다. 남편이 집에서 친구들과 술 마시는 것을 보면서 그녀는 한 가지 부탁만 남기고 자리를 뜬다. 시장에 가서 생대구를 사다 놓으라는 것이다. 그들은 곤드레만드레 취해서 가게로 간다.

진열대를 쓰러뜨리고 손님과 부딪치고, 점원과 말다툼을 벌이며 술꾼의 추태를 선보인다. 하지만 어디서도 생대구를 구할 수 없다. 그렇다면 남은 선택은?! 그들은 북해의 바닷물이 넘실거리는 항구에서 대구를 잡기로 한다. 몸을 제대로 가누지도 못하는 술꾼에게 걸려들 멍청한 대구가 있을까?! 누군가 바닷물에 풍덩, 하고 빠지는 소리가 들린다.

그렇다. 영화가 말하고자 하는 바는 술꾼들은 멈추기 어렵다는 사실이다. 삶을 축제로 만들어주는 알코올의 효능은 실로 대단하지

만, 적정 수준에서 술과 공존하기란 쉽지 않다. 아울러 21세기 현대
인의 삶은 노동과 일상과 관계로 몹시 피로하고 퇴로가 막혀 있다는
사실도 영화는 말한다. 영화는 삶의 밑바닥에 있는 근본적인 문제를
건드린다.

영화를 보면서 느낀 몇 가지

요즘은 코로나19로 볼 수 없지만, 예전에는 밤새 술을 먹는 한국인들이 부지기수였다. 술집과 편의점 어디서든 24시간 음주자를 보는 일이 여반장(如反掌)이었다. 그런데 〈어나더 라운드〉에서 새삼스러운 사실 하나를 알게 된다. 덴마크 남성들도 어마어마하게 술을 마신다는 재미난 사실. 상상할 수 없을 정도의 음주문화가 그곳에도 있다.

한국의 교육부가 실행하려는 '고교 학점제'를 덴마크에서는 이미 실행하고 있다는 사실도 새롭다. 페테르가 유급생 세바스티안에게 음주를 권하고, 즉석에서 그를 평가하는 장면은 신선했다. 교사와 학생이 하나 되어 긴장 이완을 위한 방도로 술을 권하고 마시는 장면은 〈김영란법〉 운운하는 우리 사회와 차원이 달라도 너무 다른 것이었다.

어디서나 여성이 음주문화에 손사래 치는 공통점도 눈에 띈다. 적정한 수준의 음주가 대화와 소통 활성화에 윤활유 구실을 한다고 나는 믿는다. 술 먹는 일을 무작정 타박하고 비난함은 음주문화 자체를 부정하는 것이다. 하지 말라면 더 하고 싶은 게 인지상정 아닌가. 불신을 거둬내고 상호이해에 도달하려면 음주에 기꺼이 동참함이 어떤가?!

조지훈 선생은 〈주도유단(酒道有段)〉이라는 글을 남겼다. 술을 아주 못 먹지는 않으나 아니 먹는 불주(不酒)에서 시작하여 술로 인해 다른 세상으로 떠난 열반주(涅槃酒)에 이르는 18단계가 그것이다. 세계 모든 나라와 유명인사들이 술과 관련하여 숱한 명언과 일화를 남기기도 했다. 〈어나더 라운드〉는 그것을 일깨우고 사유케 하는 유쾌한 영화다.

보드랍게

감독	박문칠
장르	다큐멘터리
출연	김순악, 안이정선, 이인순, 송현주, 백선행
개봉	2022. 2. 23.

부러지고 꺾인 꽃, 압화로 다시 태어나다
〈보드랍게〉

-

　1995년 변영주 감독의 기록영화 〈낮은 목소리〉를 시작으로 일본군 위안부 문제를 다룬 기록영화가 속속 모습을 드러낸다. 그녀는 1996년과 1999년 〈낮은 목소리 2, 3〉을 연속해서 내놓는다. 김동원 감독의 〈끝나지 않은 전쟁〉(2008)과 안해룡 감독의 〈나의 마음은 지지 않았다〉(2009), 권효 감독의 〈그리고 싶은 것〉(2012)이 그 뒤를 잇는다.

　2014년 추상록 감독의 〈소리굽쇠〉를 시작으로 위안부를 다룬 예술영화가 등장하기 시작한다. 임선 감독의 〈마지막 위안부〉(2014), 조정래 감독의 〈귀향〉(2015), 민규동 감독의 〈허스토리〉(2017), 김현석 감독의 〈아이 캔 스피크〉(2017) 등을 들 수 있다. 〈귀향〉과 〈아이 캔 스피크〉는 각각 358만과 328만 관객을 불러 모아 화제가 된다.

　캐나다에서 온 역이민자로 대구에서 활동하고 있는 박문칠 감독의 색다른 기록영화 〈보드랍게〉가 상영되고 있다. 〈보드랍게〉는

1928년에 태어나 2010년에 타계한 김순악 할머니의 일대기를 다룬다. 영화는 위안부로 시작하여 양공주, 식모, 미제장사와 색시 장사를 거쳐 고향인 경북 경산으로 귀향한 김순악의 고단한 인생 여정을 그려낸다.

김순악의 기나긴 여로 1

1944년 여름 대구의 공장에 취직시켜 준다는 얘기를 듣고 고향을 떠난 순악은 대구를 거쳐 중국의 치치하얼을 지나 북경을 경유(經由)하여 하북성의 장가구까지 가게 된다. 평일에는 10여 명, 토요일과 일요일에는 40-60명의 일본군을 받아야 했던 처절한 위안부 생활을 1년 남짓 경험해야 했던 만 16살 처녀의 기막힌 인생살이가 펼쳐진다.

박문칠은 〈보드랍게〉에서 만화영화(애니메이션) 기법을 활용하여 장면을 순화하고 이해하기 쉽게 그녀의 행장을 전개한다. 기록영화의 태생적인 한계인 건조함과 지루함을 자연스레 극복하는 좋은 방편으로 보인다. 그래서인지 여성회 회원들의 담담한, 때로는 눈물을 동반한 서사가 불편하다거나 영화의 흐름을 방해한다는 느낌은 전혀 없다.

해방된 조국에 돌아왔으나 순악은 오갈 데가 없다. 서울역 앞에서 허기지고 외로운 그녀는 직업소개소 사람을 만나 서울에 자리한 유곽에서 외국인들을 상대로 한 매춘의 길로 들어선다. 여기서 우리

는 다소 뜨악하다. 일본군 위안부로 갖은 고초를 겪은 그녀가 왜 하필이면 다시 매춘의 길을 걸어야 했는지에 대한 의문이 고개를 들기 때문이다.

이 장면에서 나는 빅토르 위고의 장편소설 〈레미제라블〉의 가련한 여주인공 팡틴이 떠올랐다. 유희하듯 팡틴을 버리고 달아난 사내 톨로미에스의 아이를 가진 채 미혼모로 살아야 했던 팡틴. 그녀는 문맹이었고, 그것 때문에 끝내 불귀의 객이 되고 만다. 순악 역시 '낫 놓고 기역자도 모르는' 불학무식한 형편이었다. 매춘은 순악의 막다른 선택지였다.

김순악의 기나긴 여로 2

2년 정도 시간이 흐른 뒤 순악은 매춘을 그만둬야겠다고 결심하고 고향과 반대 방향인 여수로 떠난다. 술집에서 노래하고 술잔을 따르면서 생활하던 그녀를 마음에 둔 사내가 나타난다. 기마대 경찰이었던 임 순사였다. 그는 키가 훤칠하고 인물도 좋았다고 그녀는 회고한다. 이미 혼인한 임 순사와 정분이 난 순악은 예기치 못한 임신을 하게 된다.

'나는 언제 어떻게 될지 모르는 사람이니 고향에 가서 몸을 풀라'는 말과 함께 그는 순악에게 거금을 쥐어준다. 만삭의 몸으로 고향에 도착한 그녀를 기다린 것은 어머니의 차갑고 매정한 말이었다. 몸을 풀고 난 그녀는 밑에 있는 두 동생과 어머니의 호구지책을 위해 다시 서울로 상경한다. 그리하여 동두천 미군 기지촌에 둥지를 틀기에 이른다.

색시 몇을 데리고 술장사와 미제물건 장사를 시작한 순악. 그녀는 거기서 미군들에게 호감을 얻어 적잖게 돈도 벌었으나 색시들과 잦은 분쟁을 겪는다. 더욱이 그녀에게 미제물건을 시원스레 갖다주던 흑인 상병의 아이를 출산하기에 이른다. 혼혈이 드물었던 당시 '튀기'라는 별명과 가무잡잡한 피부색 때문에 둘째 아들은 문제아로 자라난다.

아이를 잠시 고아원에 보내지만 아이는 거기서도 적응하지 못한다. 아이를 데리고 살던 순악은 동두천 삶을 청산하고 서울에서 식모살이를 시작한다. 그녀는 성실하고 음식솜씨도 뛰어나 집안 식구들에게 귀염을 받았다. 하지만 걸려온 전화의 주인공이 누구인지 글로 쓰지 못한다는 이유로 어느 날 해고당한다. 문맹의 서러움을 경험하는 순악.

김순악의 기나긴 여로 3

고향 언저리에 있는 폐가에서 생활을 시작한 그녀의 유일한 꿈은 공부 잘하는 장남이었다. 하지만 그녀의 바람과 달리 장남은 제대를 얼마 앞두고 돌연 월남전에 참전한다. 하늘이 무너지는 아픔을 겪어야 했던 그녀는 어떤 일이 있어도 전쟁은 일어나서는 안 된다고 힘주어 주장한다. 무사히 돌아온 아들과 재회한 그녀의 바람은 다시 무너진다.

공무원 시험에 합격한 아들과 함께 살 꿈을 꾸는 그녀를 차갑게 외면한 장남은 장가들어 딴살림을 내버린다. 서울에 사는 둘째 아들도 혼인해서 살건만 그녀에게 행패 부리기 일쑤였다. 술 먹고 들어와서 가재도구를 부수고 주먹질이 예사였다. 결국 순악은 다시 버려진다. 그녀는 남자들을 향한 뿌리 깊은 악감정과 사무친 원한의 여인이 된다.

1991년 8월 14일 김학순 할머니의 위안부 피해증언이 나온 후에도 순악은 고향에서 조용히 살아간다. 그러다가 똑같은 처지의 위안부 할머니가 같은 동네로 이사 오면서부터 그녀의 삶은 다른 각도를 취한다. 저렇게 세상 사람들에게 대접도 받고, 당당하게 살아갈 수도 있구나, 하는 깨달음이 그녀를 위안부 할머니들의 모임으로 인도한다.

김순악과 여성회 그리고 압화

위안부 문제에 관심을 가지기 시작한 순악에게 대구와 경산 여성
회는 새로운 삶을 눈뜨게 한다. 활발하게 '수요집회'에 참여하고, 여
성회의 각종 행사에도 얼굴을 내민다. 본디 활달하고 성정이 괄괄한
그녀는 흥에 겨우면 바로 몸을 흔들고 춤을 추곤 했다. 오랜 세월 함
께한 술과 담배를 즐겼던 그녀가 노래하고 춤추는 영상은 따사롭게
다가온다.

생의 끄트머리에 그녀는 '압화'에 취미를 붙이고 활동한다. 정성
스레 생화를 따서 잘 눌러 종이 위에 예술작품을 만들어내는 그녀
의 모습은 주위를 놀라게 한다. 문맹을 겨우 면한 그녀가 '평화'라는
글자 위에 압화를 만드는 장면은 아주 인상적이다. 세상과 작별하기

전에 서툴게 자신의 이름자를 쓰게 된 순악의 해맑은 얼굴이 화면에 가득하다.

숫자조차 읽을 수가 없어서 버스도 타지 못했던 그녀가 문맹을 면했다는 사실이 대견하다. 그녀는 나라에서 주는 돈을 꼬박꼬박 저축하여 자신의 전 재산인 1억 원 정도를 둘로 나누어 기부한다. 절반은 자신처럼 가난하고 못 배운 사람들을 위해, 절반은 위안부 역사관 건립 비용으로 쾌척한다. 그것이 '희움'일본군위안부역사관 건립의 초석이 된다.

숨을 쉬는 것처럼 간난신고를 평생 동반자로 삼아야 했던 김순악 할머니. 그녀가 듣고자 했던 말과 받고자 했던 선물이 우리의 가슴을 시리게 한다. "참 애묵었다고, 보드랍게 한마디 해주는 사람이 없는기라." 순악은 누군가에게 꽃을 받고 싶었다고 한다. 그래서일까, 그녀가 훗날 압화에 남다른 애정과 관심을 쏟았던 까닭이. 이제 그녀는 가고 없다.

김순악을 회고하는 박문칠은 매번 '선생님'이라는 호칭을 썼다. 순악에게서 느껴지는 삶의 깊은 슬픔과 아픔을 온몸과 마음으로 느끼면서 〈보드랍게〉를 만들었구나, 하는 생각이 들게 하는 박문칠. 2017년 성주 사드 배치 관련 기록영화 〈파란 나비 효과〉와 2019년 대구 퀴어 축제를 소재로 한 〈퀴어 053〉을 연출한 그의 장도를 기원해본다.

벨파스트

감독 케네스 브래너

장르 드라마

출연 주드 힐, 케이트리오나 발피,
주디 덴치

개봉 2022. 3. 23.

〈벨파스트〉에서 만나는 사람 사는 세상
〈벨파스트〉

-

　케네스 브래너의 영화를 보는 일은 일단 유쾌하다. 나는 그의 1996년 영화 〈햄릿〉을 보고 참 대단한 사람이구나 하는 생각을 했더랬다. 셰익스피어 5막 비극을 글자 하나 훼손하지 않고 242분짜리 영화로 만들어내는 뚝심이라니. 더욱이 그는 문자 텍스트가 어렴풋하게 그려낸 관계와 상황을 일목요연하게 영화 문법으로 그려낸다.

　어디 그뿐인가?! 〈햄릿〉에 내재한 복잡다기한 줄기를 정치비극으로 몰고 가는 놀라운 솜씨를 발휘한다. 포틴브라스의 노르웨이군대가 덴마크 엘시노어 궁전을 향해 중단 없이 전진하는 장면을 보여주는 케네스 브래너. 19세기 빅토리아풍으로 의상을 통일한 그는 한겨울에서 시작한 영화를 한겨울에 끝냄으로써 자신의 의도를 드러낸다.

　어디 그뿐인가. 젊은 세대가 즐기는 영화 〈토르: 천둥의 신〉(2011)

은 물론, 〈나일강의 죽음〉(2022)과 〈오리엔트 특급살인〉(2017) 같은 추리물을 연출하는 능력도 선보인다. 연극배우이자 영화배우이며 동시에 연극 연출가이자 영화감독이며 제작자이기도 한 그의 활약이 어디까지 갈지 궁금하다. 그러던 차에 만난 그의 영화가 〈벨파스트〉다.

〈벨파스트〉의 시공간

오늘날 영국은 웨일스, 잉글랜드, 스코틀랜드, 북아일랜드의 네 지역으로 구성돼 있다. 재미난 사실은 월드컵이 열리면 이들은 각자 지역의 대표로 예선전에 나간다. 영국이란 이름이 아니라 네 지역의 국가대표팀이 개별적으로 '국제축구연맹(피파)'에 소속돼 있기 때문이다. 영화의 공간인 벨파스트는 이 가운데 북아일랜드의 수도다. 선박과 항공기 산업이 발달하고, 상업과 교통의 중심지로 알려진 인구 35만의 소도시 벨파스트.

케네스 브래너는 벨파스트에서 1960년에 태어났으며, 영화 〈벨파스트〉는 1969년 8월 15일에 시작한다. 그날은 북아일랜드 벨파스트에 씻을 수 없는 상처를 남긴 첫 번째 날이다. 기독교의 분파인 개신교와 가톨릭의 분쟁이 살육과 방화, 약탈로 얼룩진 첫날이다. 영화는 그래서 아홉 살 난 소년 버디의 가족을 중심으로 이야기를 풀어나간다.

종교분쟁 직전의 벨파스트는 3대에 이르는 대가족의 조화로운

삶과 이웃사촌의 확장된 관계가 일상화된 공간이었다. 모두가 하나의 가족처럼 벨파스트 공동체의 일원으로 자부심과 형제애로 뭉쳐 살아갔던 것이다. 그런 모든 가치와 일상과 평온을 한순간에 앗아가 버린 어불성설의 종교분쟁. 삶은 그처럼 순식간에 외양을 바꿀 수도 있으리니.

아일랜드의 정체성

감독의 어린 시절을 반추하듯 그려낸 〈벨파스트〉에서 사람들은 이구동성으로 북아일랜드의 정체성을 말한다. 그 가운데 하나는 '펍 pub'의 세계적인 확산이다. 대중이 마음 편하게 찾아가는 선술집 개념의 '펍'은 세계적으로 보편화되었다. '퍼블릭 하우스'의 줄임말로 우리의 대폿집이나 일본의 목로주점 같은 성격의 술집이다.

두 번째는 아일랜드의 상처를 드러내는 이산(離散)의 기억이다. 1845년부터 1852년까지 아일랜드에 대기근이 발생한다. 감자의 대흉작과 그것에 기초한 역병의 창궐로 인구의 4분의 1에 해당하는 200만 이상이 죽거나 아일랜드를 떠나야 했던 슬픈 역사. 세계 전역으로 퍼져나간 아일랜드인들의 이산은 영화에서 중요한 열쇠말이다.

세 번째는 직접적인 언급은 없지만, 켄 로치 감독이 〈보리밭을 흔드는 바람〉(2006)으로 구체화한 아일랜드의 정치-역사적인 비극이다. 영국의 어둑한 그림자가 짙게 깔린 아일랜드의 구슬픈 얼굴이 가감 없이 그려진 영화에서 우리는 역사의 그늘진 풍경을 새삼 확인한다. 형제 갈등과 살육으로 이어지는 비극의 그림자는 길고도 짙다.

네 번째는 아일랜드 출신의 세계적인 문호들이다. 노벨 문학상에 빛나는 윌리엄 버틀러 예이츠, 조지 버나드 쇼, 사무엘 베케트, 셰이머스 히니가 그들이다. 아울러 그들 이외의 문사들인 제임스 조이스와 오스카 와일드, 조너선 스위프트를 거명하지 않을 수 없다. 아일랜드와 아일랜드인은 참으로 대단한 나라이자 민족이라 아니 할 수 없다.

흑백 영상으로 포착하는 아름다운 시절

영화는 시종일관 흑백으로 진행된다. 흑백사진이 그렇듯 우리에

겐 흑백에 관한 왜곡된 관념이 있다. 무겁다, 칙칙하다, 침울하다, 우울하다, 괴기스럽다 같은 고정관념을 떠올린다. 하지만 〈벨파스트〉의 흑백은 그렇지 않다. 외려 천연색보다 훨씬 상큼하고 아름답다. 소품으로 거대 담론을 자연스레 만들어내는 케네스 브래너의 솜씨가 눈부시다.

엄마가 저녁나절 큰소리로 막내아들 버디를 부른다. 밥때가 되었으니 그럴 법하다. 공놀이하던 버디가 돌아오는 장면은 이웃 사람들 모두가 하나의 대가족 구성원들처럼 행동한다는 인상을 준다. '버디, 엄마가 부르셔!' 하는 전갈이 사람과 사람의 말과 손짓으로 전해지면서 아, 이곳은 모두가 한 식구처럼 살아가는 곳임을 알 수 있다.

아홉 살 버디는 같은 반 친구 캐서린을 좋아한다. 하지만 캐서린보다 공부가 떨어지는 버디는 캐서린 옆자리에 앉을 수 없다. 그러자 할아버지가 계책을 내려준다. 1을 7과 비슷하게, 2는 6과 헷갈릴 정도로 쓰라는 것이다. 버디의 전술은 멋지게 관철되지만, 1등 하던 캐서린이 3등으로, 3등 버디는 2등이 되면서 그들의 만남은 좌절된다.

할아버지는 캐서린의 마음을 얻는 최상의 방책은 잘해주고 잘 보이는 것이 아니라고 충고한다. 여자는 신비한 존재이기에 자신도 여태까지 할머니의 말을 잘 이해하지 못한다고 덧붙인다. 진실한 마음을 다해서 사랑해주는 것이 최상의 방법이라고 조언하는 할아버지. 그 덕에 버디는 캐서린과 원하던 관계를 맺을 수 있게 된다.

아폴로 11호와 종교분쟁

    1969년 7월 16일은 인류의 역사에서 길이 기억될 것이다. 그날 아폴로 11호가 달에 착륙했기 때문이다. 태양계의 미소(微小)한 행성 지구에 딸린 유일한 위성인 달은 고금동서 막론하고 수많은 신화와 전설의 단골 소재로 기능했다. 옥토끼가 계수나무 아래서 떡방아를 찧는 가상이자 실제적인 가시 공간이었던 달이 영원한 과거로 함몰되었다.

    1961년 4월 12일 소련의 우주비행사 유리 가가린이 인류 최초로 우주비행에 성공한 후 8년 만의 일이다. 그렇게 20세기 과학과 기술의 개가는 인류를 또 다른 경지의 세계관과 인식론에 도달하도록 했다. 그런데 불과 1개월 뒤에 벨파스트에서 전근대적인 종교분쟁이

발생한 것이다. 가톨릭과 개신교의 피로 피를 씻는 분쟁이 북아일랜드에서 일어났다.

　같은 시공간에서 같은 하늘을 이고 가족처럼 친근하게 살아왔던 이웃들이 돌연 공공의 적으로 규정되는 기막힌 순간! 무엇인가, 이것은?! 인간이 20세기에 도달한 문명의 정점에서 튀어나온 야만성의 정점이 다른 나라도 아닌 영국에서 일어나다니?! 〈벨파스트〉가 의미심장하게 다가온 까닭이 어쩌면 그것에서 시작되지 않았을까, 생각한다.

　세계를 전쟁의 아비규환으로 몰고 간 원인 가운데 하는 종교였다. 인도에서 일어나는 힌두교와 이슬람의 충돌을 예외로 한다면, 전쟁을 불러오는 종교 3형제는 유대교, 기독교, 이슬람이다. 초월적이고 절대적인 유일신을 섬기는 세 종교의 교리는 모두 사랑과 자비를 말하지만, 각자의 포용력에는 한계가 있다. 그런 취약점을 영화는 나직하게 말한다.

영화가 전해주는 낮은 속삭임

　〈벨파스트〉에서 감독의 시선은 9살 소년 버디에게 쏠려 있다. 버디가 살아가는 작은 골목의 이웃 사람들과 학교 친구들과 엄마, 아빠와 함께하는 가족 그리고 할아버지 할머니와 나누는 확장된 관계가 영화의 고갱이다. 따라서 영화는 종교분쟁에서 야기되는 살인, 방화, 폭동 같은 참혹한 장면이나 상황에 집중하지 않는다.

이런 점에서 〈벨파스트〉는 보스니아 내전을 담아낸 만체프스키 감독의 〈비포 더 레인〉(1994)과 상당히 다르다. 뫼비우스의 띠처럼 얽히고설킨 관계와 장구한 세월 되풀이되어 온 무한폭력의 변주를 포착한 영화가 〈비포 더 레인〉이기 때문이다. 〈벨파스트〉에서는 종교 분쟁의 처절한 양상보다 그 이후의 화해와 화합에 방점을 두고 있다.

레스터에서 광부 생활을 하면서도 벨파스트 출신 아일랜드인으로 드높은 자부심으로 생활한 할아버지가 버디에게 나지막한 목소리로 말한다.

> "영국인들이 너의 말(아일랜드 영어)을 이해하지 못해도 문제없다.
> 네가 누구인지 아는 것이 훨씬 중요하다. 우리는 언제까지 벨

파스트에서 너희를 기다릴 거다.”

영화 마지막 장면에서 조용히 올라가는 자막에 이런 글귀가 나온다.

“여기 남은 사람들과 이곳을 떠난 사람들, 그리고 실종된 모든
사람을 위해!”

패러렐 마더스

감독 페드로 알모도바르

장르 멜로/로맨스, 스릴러

출연 페넬로페 크루즈, 말레나 스밋,
로시 드 팔마

개봉 2022. 3. 31.

어수선하지만, 되새겨볼 영화
〈패러렐 마더스〉

-

    제목도 낯선 영화가 상영되고 있다. 에스파냐가 자랑하는 페드로 알모도바르 감독의 신작 〈패러렐 마더스 Parallel Mothers〉가 주인공이다. 패러렐은 평행선, 나란하다 혹은 비슷하다는 뜻이다. 에스파냐 원제는 〈Madres paralelas〉이며, 따라서 영화제목은 '비슷한 어머니들' 정도가 될 것 같다. 같은 운명을 가진 어머니들이란 얘기다.

    알모도바르 감독은 우리 관객에게도 상당히 친근하다. 그의 영화 가운데 〈내 어머니의 모든 것〉(2000), 〈그녀에게〉(2003), 〈귀향〉(2006), 〈페인 앤 글로리〉(2020) 등이 한국 관객들이 주목한 작품이다. 알모도바르는 여성의 심리묘사에 탁월한 재능을 가진 인물이고, 페넬로페 크루즈와 여덟 번 같이 작업한 것으로도 알려져 있다.

    〈패러렐 마더스〉는 여러 가지가 혼재돼 있기에 다소 혼란스럽게 다가온다. 하나의 주제나 사건 혹은 상황에 집중하는 기법 대신 감독의 구미에 맞는 질료를 비빔밥처럼 뒤섞어 놓은 느낌을 지우기 어렵다. 하지만 유심히 들여다보면 그 안에서도 무엇인가 일관된 흐름을 유지하는 강력한 목소리와 주장이 실려 있다. 그것이 감독의 목소리다.

닮았지만 다른 여성들

야니스는 불혹에 이른 사진작가다. 정상급 기량을 가진 그녀는 동시에 에스파냐의 쓰라린 과거사에 남다른 관심을 지니고 있다. 그 배후에는 어릴 적에 사별한 엄마와 실종된 아버지에 대한 그리움이 자리한다. 더욱이 그녀의 할아버지와 지인들이 어느 땐가 한꺼번에

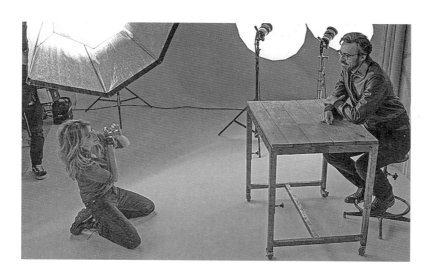

사라지고 암매장당한 아픈 상처가 깊은 상흔으로 남아있기 때문이기도 하다.

야니스에게 다가오는 법의학 전문가 아르투로는 유부남이지만, 야니스의 매력을 이겨내지 못한다. 그렇게 그들은 하나가 되고, 예기치 못하게 야니스는 임신에 이른다. 뜻밖의 임신에 아르투로는 당황하여 '낙태'를 권하지만, 야니스는 요지부동이다. 아이를 낳아 길러보려는 그녀의 의지는 아르투로의 조심스러운 태도를 힘껏 밀어버린다.

같은 시기에 17살 미성년자 아나가 산부인과를 찾는다. 고등학생 신분으로 아이를 가진 그녀는 후회의 빛이 역력하다. 아이 아버지가 누구인지조차 확인하지 못하는 철부지 아나. 술에 취해 남친과 관계했다가, 그 장면을 동급생들이 휴대전화로 촬영하여 유포하겠다고 협박한다. 어쩔 도리 없이 그들과도 동침해야 했던 성범죄 희생자 아나.

아나의 충격적인 미성년 임신은 우리나라 성범죄자들을 연상시키기에 부족함이 없다. 문명의 이기(利器)가 동반하는 악질적인 범죄 행각에 동과 서가 따로 없다. 야니스처럼 아나 역시 미혼모의 길을 걸어야 한다. 아나의 어머니는 늦깎이 배우로 자신의 경력을 위해 이혼을 감행하고, 딸의 고통과 외로움에 눈감아 버린다. 변해버린 세상의 풍속도!

야니스와 아나의 인연

그들은 같은 병원에서 같은 날에 똑같이 딸을 순산한다. 그들의 땀과 눈물이 범벅된 얼굴이 갓 태어난 신생아들과 겹쳐진다. 출산의 엄청난 고통과 찬란하게 터져 나오는 환희가 아름답게 교차하는 장면. 병원에서 서로 위로하고 고무하던 두 사람은 각자의 생활 공간으로 회귀한다. 하지만 그들의 인연은 그들을 재회로 인도한다.

어느 날 카페에서 마주치는 두 사람. 아나는 종업원으로, 야니스는 손님으로 마주 앉는다. 서로 안부를 묻다가 야니스는 알게 된다. 아나의 아이가 유아 돌연사로 세상을 버렸다는 아픈 사실을! 그러다가 출산 후 찾아온 아르투로의 말을 떠올린다.

"아이가 전혀 나를 안 닮았어!"

자기가 아이 아버지가 아님을 확신하는 아르투로 때문에 야니스는 친자확인 유전자 검사를 하기에 이른다. 아, 그 결과는 얼마나 참혹한 것인가?! 100% 친자가 아니라는 통지서가 날아온다. 지금까지 애지중지 길러온 세실리아가 자신의 딸이 아니라는 가혹한 통보. 야니스는 아나와 함께 살 결심으로 그녀의 유전자 검체를 연구소로 보낸다.

함께 살면서 사랑하는 그들의 관계가 적잖게 어수선하게 다가온다. 야니스에게 날아온 두 번째 통지서는 그녀를 지옥의 나락으로 인도한다. 세실리아가 아나의 딸일 가능성은 99.99%였다. 영화는 이 지점부터 방향을 틀어 전혀 새로운 경지로 질주한다. 야니스가 아나에게 이런 상황을 솔직하게 털어놓을 것인지, 여부의 문제로 전화(轉化)한다.

당신이라면 진실을 밝힐 수 있을까?!

사랑하는 여인이자 어린 여성이며 세실리아의 친모인 아나에게 야니스는 정직하게 실토할 것인가?! 그렇다면 그들의 애정 관계는 어찌 될 것이며, 세실리아 없는 야니스의 삶은 어떤 향방을 가질 것인가?! 〈패러렐 마더스〉는 여기서 진실 혹은 정직이라는 주제를 다루기 시작한다. 사실을 은폐하거나 왜곡하지 않고 있는 그대로 드러내는 것이다.

아나는 물론 세실리아까지도 잃어버릴 것이지만, 야니스는 사실을 곧이곧대로 고백한다. 느닷없이 닥쳐온, 말도 표현할 수 없는 상실을 감당하려는 야니스의 절망적인 용기가 화면을 채운다. 이런 야니스에게 희망을 주는 인물은 아르투로다. 야니스에게 거절당하면서도 그는 용기를 내서 아내에게 야니스의 존재를 알리고, 별거에 돌입한다.

어디 이뿐인가! 에스파냐 정부가 과거사를 청산하고 진실을 밝히는 일에 나선 것이다. 2007년 에스파냐는 〈역사 기억법〉을 통과시

킴으로써 프랑코 쿠데타와 독재 시절인 1936년부터 1975년까지 살해되어 매장당한 10만 이상의 희생자들을 21세기로 불러들인다. 아르투로는 법의학자로서 역사를 소환하고 기억하는 사업의 첨병으로 활약한다.

　그래서일까. 아나와 세실리아를 잃어버린 야니스에게 아르투로가 낭보를 전한다. 그녀의 할아버지와 지인들이 암매장당한 곳을 전격적으로 발굴하기로 결정됐다는 소식을 알려온 것이다. 그녀의 고향마을에서 확대되는 여성들의 수난사와 조용히 망각(忘却)된 지난날의 이야기들이 하나둘씩 펼쳐진다. 그리하여 마침내 영화는 대단원으로 질주한다.

역사와 정직

　영화를 보면서 혼란스러웠던 까닭은 야니스와 아나의 관계도 그렇지만, 오래전에 있은 참혹한 역사적 사건과 기억의 현재화 가능성 때문이다. 어떻게 저들을 엮을 것인지가 궁금했던 터였다. 알모도바르는 그것을 정직이라는 어휘 하나로 묶어낸다. 감독은 지극히 현대적이고 용감한 폭로자이자 작가인 에두아르도 갈레아노의 말을 인용한다.

　　"침묵하는 역사는 없다. 역사의 진실을 아무리 없애고, 왜곡하

고, 부정하려고 해도 역사는 결단코 사라지지 않는다."

사라지지 않는, 침묵하지 않는 역사는 개인과 국가에 모두 적용된다. 야니스가 아나에게, 아르투로가 아내에게 정직하게 진실을 밝힌 것처럼 에스파냐도 뼈아픈 진실을 선택한 것이다. 정직한 개인사가 모여 사회사가 되고, 그것들이 다시 사회사와 국가사가 되는 것이다. 정직한 개인이 사회와 국가의 구성원이 되는 이치와 같다.

지난 2005년 〈진실-화해를위한과거사정리위원회〉를 발족한 우리나라가 자랑스럽게 다가왔다. 후속 정권의 야만성 때문에 지속성을 상실했지만, 위원회는 2기를 가동하고 있다. 어떤 정부가 들어서든, 어떤 일이 있든, 피로 얼룩진 한국 현대사의 진실을 낱낱이 밝혀주기를 기대한다. 그것이야말로 먼저 가신 분들을 기리는 유일한 방책이므로!

브로커

감독 고레에다 히로카즈

장르 드라마

출연 송강호, 강동원, 배두나, 이지은,
이주영

개봉 2022. 6. 8.

누가 브로커인가?!
〈브로커〉

-

아주 색다른 영화가 상영되고 있다. 일본의 거장 고레에다 히로카즈 감독이 연출한 〈브로커〉가 주인공이다. 칸 영화제와 긴밀한 인연을 맺고 있는 그는 2013년 〈그렇게 아버지가 된다〉로 심사위원상을 받았고, 2018년 제71회 칸 영화제에서는 〈어느 가족〉으로 황금종려상을 받았다. 2022년 칸에서는 송강호가 〈브로커〉로 남우 주연상을 받았다.

고레에다 감독의 주요한 관심은 현대 사회의 가족이다. 〈아무도 모른다〉(2005)를 시작으로 2008년 〈걸어도 걸어도〉를 지나 〈바다마을 다이어리〉(2015)와 〈태풍이 지나가고〉(2016)를 넘어 〈어느 가족〉에 이르기까지 그의 영화는 집요하게 가족을 겨냥한다. 사실 이번에 개봉된 〈브로커〉 역시 넓게 보면 가족영화의 범주에 포함된다고 할 수 있다.

신자유주의와 무한경쟁 그리고 승자독식이 일반화되어버린 각박한 21세기에 가족은 중요한 개념이 되었다. 근대에서 가문과 지역사회가 대행했고, 현대에 이르러 국가가 수행했던 든든한 울타리가 무너져버린 21세기 변화된 풍경이 가족의 새삼스러운 득세다. 지난 세기에는 미국에서만 힘을 쓰던 가족이 이제는 세계적인 추세가 되어버린 것 같다.

상현과 동수 그리고 우성

〈브로커〉가 흥미로운 이유는 감독을 제외하면 한국산이기 때문이다. 출연하는 배우 전원이 한국인이고, 언어와 풍광과 지역이 모두 한국이기 때문이다. 그만큼 친숙하고 정겨운 대목이 곳곳에서 감촉된다. 부산에서 허름한 세탁소를 운영하는 상현은 빚에 쫓기는 처지다. 그에게는 목돈을 마련해서 가족과 함께하고픈 꿈이 있다.

아주 어려서 버려진 채 보육원에서 자라난 동수에게는 자신을 버린 엄마에 대한 원망과 그리움이 공존한다. 어린 시절 보육원에서 탈출을 감행하기도 했던 동수는 어엿한 어른이 되어 베이비 박스 시설에서 일한다. 그가 지냈던 보육원에서 생활하는 아이들에게 동수는 우상처럼 숭배받는 존재다. 그가 꺾이고 부러지면 다른 원생들에게 심대한 타격이 될 정도로!

상현과 동수가 비 오는 여름밤에 베이비 박스에 버려진 아이를

빼돌린다. 그들은 구겨진 쪽지에 적힌 짧은 글을 확인한다. "우성아, 미안해. 꼭 데리러 올게." 하지만 우성이의 엄마가 돌아올 것인지, 아닌지는 누구도 모른다. 아기 엄마는 연락처를 남겨놓지 않았다. 상현과 동수가 마음 놓고 우성이를 빼돌릴 수 있는 근거다.

선량한 아저씨 같은 인상의 상현과 맑은 얼굴의 동수가 아기를 빼돌릴 것이라 누가 상상이나 하겠는가?! 그들이 아이를 빼돌리는 이유는 서로 다르다. 상현은 돈이지만, 동수는 오지 않을 엄마를 대신할 착한 부모를 찾아주는 것이다. 하지만 선한 의도에서 출발한 것이라 해도 아기를 유괴하는 것은 범죄행위와 다르지 않다.

소영과 우성

　여리고 앳된 소영이 품에서 아기를 꺼내 길바닥에 내려놓는다. 이런 궂은 날씨에 거리에 아기를 버리는 짓은 말 못 할 사연이 없는 여성이 아니라면 불가능한 일이다. 관객은 그녀 얼굴에서 어떤 그늘이나 슬픔 혹은 절망을 읽어내지 못한다. 그만큼 소영의 표정과 언어 그리고 행동거지에는 아기를 유기하는 엄마의 모습이 부재한다.

　〈브로커〉에서 객석의 관심을 환기하는 대목은 그런 소영이 느닷없이 돌아와 아기를 찾아다닌다는 사실이다. 그녀 입에서 튀어나오는 걸쭉한 육두문자가 뜻밖의 놀라움과 새로움 그리고 궁금증을 자아내게 한다. 왜 소영은 우성을 버렸으며, 왜 우성을 되찾으려고 하는 것일까?! 그녀의 과거에는 어떤 그림자가 드리우고 있는 것일까!

　소영의 행로를 보면서 나는 위고의 〈레미제라블〉에 등장하는 미혼모 팡틴을 떠올렸다. 가진 것도 배운 것도 없는 문맹 여성 팡틴의 고단하고 신산한 삶의 그림자가 어른거리는 것이다. 차이가 있다면, 소영이는 복잡다단한 인생 행로에서 혼자가 아닌 동행을 찾아가는 여정에 있다는 정도 아닐까. 팡틴은 죽을 때조차 외로운 삶이었지만 말이다.

　소영에게 우성이는 어떤 의미로 자리하고 있을까, 하는 의문이 일어난다. 결국 누군가 문제를 제기한다. "소영이는 우성이한테 말을 걸지 않아!" 왜 그녀는 친자식인 우성이한테 애정이나 관심을 보여주지 않을까?! 〈브로커〉의 흡인력은 이런 궁금증을 유지하도록 하면서 객석의 긴장과 이완을 감독이 소유하고 있다는 점에 있다.

〈브로커〉에서 인상적인 장면은 월미도 놀이기구에서 동수와 소영이 대화를 주고받는 시점에 나온다. 소영의 눈을 가려주면서 새로운 출발과 가능성을 조심스레 타진하는 동수. 그들이 지금까지 이어온 이상할 정도의 유대와 친밀감이 극대화하는 그 장면에서 그들은 비로소 속내를 털어놓는다. 어쩌면 여기가 〈브로커〉의 정점일지도 모르겠다.

수진과 이 형사 그리고 우성

청소년과 가정 문제를 전담하는 경찰의 팀장인 수진과 그녀를 따르는 이 형사는 상현과 동수 그리고 소영의 일거수일투족을 감시한다. 조지 오웰의 〈1984〉에 등장하는 '빅브라더'처럼 경찰의 보이지 않는 눈이 그들을 감시하고 있는 셈이다. 스미스와 줄리아처럼 상현과 동수, 소영도 경찰의 존재를 전혀 알아차리지 못한다.

수진에게는 남다른 궁금증과 호기심이 있다. "왜 여자들은 아기를 버리는 것일까?! 기르지도 않을 아기를 왜 낳아서 버리는가?" 하는 문제가 그녀를 옥죈다. 노련한 수사관처럼 그녀는 이 형사를 대동하고 아기를 거래하는 현장에서 현행범으로 상현 일당을 체포하려는 치밀한 기획을 실행한다. 문제는 그녀의 내면세계가 조금씩 무너진다는 것이다.

　〈브로커〉가 우리를 유의미한 논쟁으로 인도하는 장면이 있다. 수진과 소영이 아기를 버리는 문제를 두고 다투는 장면이다. "낳기 전에 죽이는 건 괜찮고, 낳아서 버리는 것은 죄야?!" 하고 따지는 소영. "버릴 아기라면 차라리 낳지 않는 편이 옳은 게 아니냐" 주장하는 수진의 충돌 장면은 우리에게 여러 가지 생각할 거리를 제공한다

　뛰어다닐 만큼 커버린 우성이를 안고 있는 사내와 그들 곁에서 행복한 웃음을 머금는 수진은 가족처럼 보인다. 높지 않은 파도가 밀려드는 동해의 해변을 배경 삼아 평안한 가족의 일상을 재연하는 수진 일가족. 어쩌면 수진은 그런 가족의 탄생 혹은 가정의 행복도를 꿈꾸면서 버려지는 아이들의 문제를 고민하고 있지 않았을까?!

누가 브로커인가?!

〈브로커〉에서 사람들의 손을 가장 많이 타는 배역은 우성이다. 우성이는 엄마인 소영의 손에서 수진의 손을 거쳐 동수와 상현의 품으로 넘겨진다. 우성이를 입양하고 싶은 예비 양부모의 손에도 넘겨지고, 보육원의 소년까지 우성이한테 깊은 관심을 보인다. 영화 제목조차 우성이를 팔아넘기려는 자들의 행태에서 따온 것이다.

브로커의 사전적인 의미는 "다른 사람의 의뢰를 받아 그를 대신하여 상행위를 하고 쌍방으로부터 수수료를 받는 사람"이다. 영화를 보면서 우리는 누가 브로커인가, 하는 문제와 마주한다. 상현과 동수인가, 아니면 그들과 동행하는 소영인가?! 그들 일당을 엮으려는 수진과 이 형사인가?! 그도 아니면 21세기 한국 사회인가?!

누구의 의지나 바람으로 이 땅에 오지 않은 우성이에게 우리는 물어보았는가?! 왜 어떻게 이 황막한 공간으로 오게 되었는지를?! 여러 가지 얼굴로 변주되는 우성이의 여린 얼굴은 우리가 맞닥뜨리는 삶의 여러 국면을 연상시킨다. 그렇지만 소영이가 조용히 되뇌는 대사가 우성이뿐만 아니라, 우리 모두를 위로한다.

"우성아, 태어나줘서 고마워!"

누구도 브로커가 아닌, 브로커가 되고자 하지 않은 사람들이 만든 〈브로커〉는 단어의 의미와 아주 다른 내용을 가진다. 그래서 객석의 호응이 높은 모양이다. 고단하고 힘겨운 일상과 그 색깔을 알 수 없는 희끄무레한 미래를 조금이나마 다독이며 따사롭게 인사하는 〈브로커〉. 태어나줘서 고마운 사람들을 위한 영화가 〈브로커〉다.

작가 소개

김규종

고려대학교 문학박사(러시아 문학)
경북대학교 교수(1992. 3~현재)
대경민교협 집행위원장(2004. 6~2006. 6)
경북대학교 인문대학 부학장(2005. 3~2006. 2)
민예총 대구지부 영화연구소장(2007. 3~현재)
경북대학교 전교교수회 부의장(2008. 3~2010. 2)
민교협 공동의장 겸 대경민교협 의장(2012. 6~2014. 6)
경북대학교 인문대학장(2012. 9~2014. 8)
복현 콜로키움 좌장(2015. 3~2017. 2)
전남대 교환교수(2019. 3~2020. 2)
대구 문화방송 라디오 <시인의 저녁> 진행자(2020.10~)

저서

『노자의 눈에 비친 공자』, 『대학생으로 살아남기』, 『기생충이 없었다면 섹스도 없었다』, 『문학교수, 영화 속으로 들어가다 1, 2, 3, 4, 5, 6, 7, 8』, 『극작가 체호프의 희곡을 어떻게 읽을 것인가』, 『소련 초기 보드빌 연구』, 『파안재에서』, 『비가 오는데 개미는 왜 우산을 안 쓸까』, 『유라시아 횡단 인문학』(이상 저서), 『역동적인 대한민국을 찾아서』, 『우리 시대의 레미제라블 읽기』, 『생활 인문학 1, 2』(이상 공저)

역서

『강철은 어떻게 단련되었는가』, 『광장의 왕』, 『마야코프스키 희곡전집』, 『체호프 희곡전집』, 『귀여운 여인』

관심영역

인문학의 확대와 보급, 민주사회 건설과 부의 공평한 분배, 가족주의를 극복하고 모두가 행복한 공동체 만들기, 나와 우주의 합일과 자유로운 공존을 위한 내적인 성찰

문학교수, 영화 속으로 들어가다 9

초판 1쇄 인쇄 2022년 10월 18일
초판 1쇄 발행 2022년 11월 4일

지은이   김규종
펴낸이   최종숙
펴낸곳   글누림출판사

책임편집 임애정
편 집   이태곤 권분옥 강윤경
디자인   안혜진 최선주 이경진
마케팅   박태훈 안현진

주 소   서울시 서초구 동광로46길 6-6 문창빌딩 2층(06589)
전 화   02-3409-2055(대표), 2058(영업), 2060(편집)
팩 스   02-3409-2059
전자우편   geulnurim2005@daum.net
홈페이지   www.geulnurim.co.kr
블로그   blog.naver.com/geulnurim
등록번호   제303-2005-000038호(2005.10.5.)

ISBN   978-89-6327-705-9 04680
         978-89-6327-305-1 (세트)